Amo, volo ut sis

사랑합니다.
부디 그대가 원하는 대로 살아가기를.

그 모든 것에도 불구하고
끝내 살아 있기를,
살아가기를 선택한 그대에게
저 인생의 문장을 드립니다.

한 동 일

한동일의
라틴어 인생 문장

■ 일러두기

1. 라틴어 발음은 국립국어원 외래어 표기를 따르되, 일부는 저자의 뜻을 따랐다.
2. 관용어구로 쓰이거나 저자가 직접 지은 라틴어 문장에는 별도로 출전을 달지
   않았다.

삶의 고비마다 나를 일으킨 단 한 줄의 희망

한동일의
라틴어 인생 문장

이야기장수

내 인생에 새기는
단 한 줄의 라틴어 타투

산악지대에 사는 염소와 산양의 생존기를 담은 다큐멘터리를 본 적이 있습니다. 나무 한 그루 풀 한 포기 없는 깎아지른 듯한 절벽에서 딱딱한 발굽을 지닌 동물이 어쩌면 저리 굴러떨어지지도 않고 자유자재로 옮겨다니는지, 감탄이 절로 나왔습니다. 고도가 낮은 곳으로 조금씩 내려갈 때마다 행여나 주위에 맹수는 없는지 높은 곳에서 조망하는 일은 이 동물들의 중요한 일과였습니다. 이 산양은 '아이벡스ibex'라고도 불리는데, 저는 가끔씩 이 이름을 '아이맥스'로 잘못 쓰곤 했습니다. 높고 위태로운 곳에 서서 다가오는 적들을 감지하며 저 밑바닥을 한없이 응시하는 산양의 작고 빛나는 눈이 이 세계를 '광각'으로 훑고 있는 것처럼 느껴졌기 때문인지도 모르겠습니다.

저는 산양들의 조망하는 삶이 제 생활과 어딘지 닮아 있다고 생각했습니다.

일단 집과 주변 환경이 그랬습니다. 제가 사는 집도 꽤 높은 지대에 있어서 시야가 위에서 아래로 향합니다. 산양이 발톱을 갈고리처럼 걸고 단단히 버티는 암벽은 위태로울지언정 전망은 탁 트여 있는데, 제 주거지도 비슷합니다. 시야가 막힌 데 없이 환하고 소음도 거의 없습니다. 간혹 제 집을 찾는 손님들은 수도원이 따로 없다고 우스갯소리를 할 정도로요.

한동안 제가 사는 공간은 늘 여기 그대로였습니다. 하지만 제 소속에는 변화가 있었습니다. 2021년, 저는 사제직을 내려놓았습니다. 두렵지 않았다면 거짓말입니다. 제 인생은 사제가 되기 위해 준비했던 10년, 마침내 사제가 되어 신실한 사제로 살아가고자 했던 20여 년으로 채워져 있었습니다. 제 세계의 대부분이 그 울타리 안에 있었습니다. 사제가 아닌 삶을 그려보는 일 자체가 쉽지 않았습니다. 그럼에도 사회적으로 내가 소속된 곳이 어디건 공부하고 기도하는 삶은 계속되리라 믿었고, 본질적으로 제 삶의 바탕이 흔들리진 않으리라 생각했습니다.

그런데 아니었습니다. 일상의 루틴은 그대로 지켜갈 수 있었지만, 제가 세상을 바라보는 관점이나 현상에 대한 인식을 전면적으로 바꿔나가야 했습니다. 단순한 문제라고 생각했는데 단순하지 않았습니다. 소속이 없다는 것은 인생에 공백이 생긴다는 것이었습니다. 나는 여백이라 여겨도 세상의 관점에서는 공백이었습니다. 어딘가 불완전한 사람, 단단히 뿌리내리지 못한 채 이동하며 방황하는 사람으로서 저는 10대, 20대 때 못 해봤던 경험을 50대에 겪어나갔습니다. 이런 과정에서 제 부족함을 마주하며 실망하기도 했고, 타인에게 준 상처들도 많았습니다.

이 글들은 그런 가운데 쓰였습니다.

난생처음 조망하는 삶이 아니라 두려움 속에서 한발 한발 두리번거리며 내려와 미지의 것들과 부딪치는 삶 속에서 쓴 글입니다. 사제도 변호사도 선생도 어른도 아닌 그저 한 인간으로서 고민과 방황을 거듭하며 쓴 글입니다. 즉, '나는 이렇게 살았다'고 당차게 선언하는 것이 아니라 '살고 싶어

이렇게 몸부림쳐 방황했다'고 조용히 고개 숙이는 한 인간의 고민과 고백의 문장들입니다.

방황하던 10대 소년 한동일, 진리를 목마르게 찾아 헤매던 20대와 30대 청년 한동일의 모습이 다시 보이기 시작했습니다. 큰 시험을 앞두고 앞날이 막막해 두려움에 떨던 시절, 그 소년과 청년은 책 속의 좋은 구절 하나, 시선과 마음이 머물게 하는 포스터 속 한 문장을 기억해두었다가 독서실과 공부방 책상 앞에 붙여놓곤 했습니다. 몸은 이미 그날의 체력을 다 쓰고 항복했는데도 맘속에 불안과 열망이 들끓어 차마 침대로 들어가지 못하던 때, 그 문장들은 제 마음을 어루만져주었고 나아갈 길을 알려주는 북극성이 되어주었습니다. 어둑한 공부방에서 그 문장들은 실제로 별처럼 빛나며 피로에 지쳐 흐릿해지는 제 눈에 안광을 되찾아주었습니다. 낡은 스탠드 대신 인생의 등대가 되어준 것도 제가 직접 써붙여놓은 그 문장들이었습니다. 그 문장들은 밤하늘의 별처럼 제 가슴에 박혀 네 인생은 그리 쉽게 무너지지 않는다고 용기와 희망을 불어넣었습니다.

가장 어려웠던 시절에 저를 일으킨 제 인생의 라틴어 문장들을 여기에 모아둡니다. 잠언처럼, 기도처럼, 혼잣말처럼 제 마음이 힘들 때마다 입안에 넣고 굴리며 스스로를 다독였던 문장들입니다. 또 요즘 제 머릿속을 떠나지 않는 신념과 다짐의 말들을 라틴어로 바꾸어 읊조려보기도 했습니다. 제게 라틴어는 그저 공부의 대상만이 아니라, 생을 받치는 머릿돌 같은 기도와 초심의 언어이기 때문입니다.

무수한 제 인생의 라틴어 문장들 가운데 그에 얽힌 철학적 단상과 제 지난날에 대한 고백이 터져나오는 문장들을 붙들고 매달렸더니 비로소 이 책이 완성되었습니다. 제가 마음을 기대고 살았던, 제 생의 응원가이자 반딧불이 되어준 라틴어 문장들이 당신에게도 힘이 된다면 좋겠습니다.

흔히 라틴어가 배우기 어렵다고들 말합니다. 하지만 아무리 라틴어가 어렵다 한들 인생보다 어렵지는 않습니다. 인생이 어렵고 고단한 날에는 그보다 훨씬 덜 어려운 라틴어 문장을 가만히 읽고 쓰며 잠시 쉬어가길 바랍니다.

요즘 젊은이들이 몸에 새기는 타투 문구 가운데 라틴어 문장이 자주 보여 반가운 마음이 듭니다. 하지만 아모르 파티*Amor fati*, 카르페 디엠*Carpe diem*, 메멘토 모리*Memento mori*

처럼 널리 알려진 말 외에도 우리가 새겨야 할 라틴어 문장들은 별처럼 많습니다. 이 책에서 평생 암호처럼, 주문처럼 읊조릴 만한 한 문장, 당신의 마음과 인생에 영영 지워지지 않도록 타투처럼 새겨둘 만한 문장을 만난다면 저는 더 바랄 것이 없겠습니다.

2023년 가을
서울 연희동 안산 자락에서
한동일

Contents

1장

운명에 지지 않고,
운명을 가지는 자의 문장

고난을 넘어 별을 향해.

Ad astra per aspera.

아드   아스트라   페르   아스페라.

가장 올바른 길,
그것이 우리의 최선입니다.
우리가 바라는 것을
희망합시다.
하지만 우리에게
닥쳐올 것들을 견뎌냅시다.

Id optimum putamus,

이드　　옵티뭄　　푸타무스,

quod erit rectissimum:

쿼드　　에리트　　렉티씨뭄:

speremus quae volumus,

스페레무스　　퀘　　볼루무스,

sed quod accesserit feramus.

세드　　쿼드　　악체쎄리트　　페라무스.

키케로, 『세스티우스를 위하여 Pro Sestio』, 143

미국의 케네디 우주센터에는 달 탐사를 위해 아폴로 1호에 탑승했다가 산화한 세 명의 우주인을 기리는 기념물이 있습니다. 그 기념물에는 이런 라틴어 문장이 쓰여 있습니다.

고난을 넘어 별을 향해
Ad astra per aspera
아드 아스트라 페르 아스페라

저는 이 문장을 떠올릴 때마다 고난을 '넘어' 별을 향해 가는 것이기도 하지만, 고난을 '통과해야만' 별에 이르는 것이라는 해석을 덧붙이게 됩니다. 땅에 발붙이고 살아가는 인간이 하늘의 별에 이르기 위해서는 수없는 고난과 희생이 동반되는 것입니다.

우주뿐만 아니라 인생의 별에 이르는 길에도 언제나 고난이 뒤따릅니다. 닥쳐오는 고난들을 직면하고 견뎌내는 이들은 결국 자신의 별에 가닿을 것입니다. 역경에 짓눌려 별에 이르는 길을 잊지 않기만 한다면 말이지요.

나는 먹기 위해 사는 것이
아니라 살기 위해 먹고 싶다.

Volo esse ut vivam,
볼로 　 에쎄 　 우트 　 비밤,

non vivere ut edam.
논 　 비베레 　 우트 　 에담.

몇 해 전 지인의 중학생 조카가 엄마하고는 얘기도 않고 매일 한숨만 쉰다는 얘기를 들었습니다. 저는 그건 무작정 짜증이나 골을 부리는 게 아니라 본인 스스로 제 앞날을 생각해볼 때 도통 미래가 그려지지 않아 막막해서 한숨을 내쉬는 것 같다고 귀띔해주었습니다. 제 예상대로 아이는 학교 성적은 신통치 않고, 이 상태로 고등학교에 진학해보았자 마땅히 갈 만한 대학도 없는 상황이 답답해 매일 혼자 푹푹 한숨만 쉰 것이었습니다.

제 중학교 시절을 돌이켜보아도 비슷한 처지였습니다. 몸은 책상 앞에 바짝 붙어 공부하고 있었지만, 매번 제자리만 맴도는 성적은 자꾸만 나를 지치게 했습니다. 공부해도 성적이 오르지 않았던 저는 뭐든 빨리 깨치고 앞길을 잘 개척해나가는 친구들이 마냥 부럽기만 했습니다. 하지만 이렇게 미래가 보이지 않는 불안한 시간을 보내며 고개 숙이고 있던 아이도 어른이 되어가면서 하고 싶은 일이 생겼습니다. 하지만 간신히 찾아낸 꿈 너머엔 또다른 걸림돌들이 있었습니다. (제가 걸려넘어진 인생의 돌덩이들에 대해서는 앞으로 하나씩 이야기를 풀어가겠습니다.) 저는 다시 한숨지을 수밖에 없었습니다.

하나의 명문, 한 폭의 명화, 한 소절의 아름다운 음악이 때론 오늘이 없는 인간을 일으켜 내일을 상상하게 만듭니다. "나는 먹기 위해 사는 것이 아니라 살기 위해 먹고 싶다"는 이 짧은 문장이 제겐 그랬습니다. 미래도 안 보이고, 그저 열등한 저 자신에 대한 답답함으로 가득했던 제게 하나의 문장이 말을 걸어왔습니다. '너, 어떻게 살래?' 하고요. 어떻게 살지에 대한 해답은 없었지만, 어떻게 살아야 할까 하는 물음은 계속해서 제 안에 남아 있었습니다.

그때 저는 속으로 나지막이 말했습니다.

위로해줄 이들을 바랐건만 찾지 못하였습니다.
Sustinui qui simul contristaretur, et non fuit.
수스티누이 퀴 시물 콘트리스타레투르, 에트 논 푸이트.

(시편 69, 20)

시편의 이 고백처럼 위로해줄 이도 없고, 제게 내일이 존재할지도 알 수 없었지만 저는 '될 때까지' 살아보기로 했습니다. 우리의 모든 것은 살기 위한 것입니다. 먹는 것도, 공부하는 것도, 그 밖의 모든 활동도 살기 위해 하는 것입니다.

하나의 짧은 명문이 내 모든 문제에 대한 해결책을 제시해주지는 못할지라도, 내일이 없을 것만 같은 내게 내일을 생각하게 해줄 수는 있습니다. 그 힘으로 하루를 살아가고 또 하루를 더 살아갑니다. 이것이 바로 인간의 의지입니다.

너와 함께 살 수도
너 없이 살 수도 없네.

Nec tecum possum vivere
네크　　　테쿰　　　포쑴　　　비베레

nec sine te.
네크　　시네　　테.

마르티알리스, 『경구Epigrams』, 12, 46

저는 오랫동안 기숙사에 살았습니다. 사제가 되기 위해 신학교에서 7년, 수도원에서 1년을 살았고, 군 복무로 30개월, 이후 유학을 가서도 근 10년간 기숙사 생활을 했습니다. 인생에서 거의 20년 넘게 남성만이 있는 집단에서 아침, 점심, 저녁을 꼬박 함께하는 초밀착형 기숙 생활을 했습니다. 아마 가족도 이렇게 붙어살지는 못할 것입니다.

기숙 생활을 하면서 어려웠던 점을 꼽으라면 '딱 저 사람만 없으면 좋겠다' 싶은 사람이 한 공간에 있을 때였습니다. 대형 기숙사라면 마주치지 않고 피할 수도 있겠지만, 20명 미만의 소규모 기숙사에서는 하루에도 몇 번씩 어떤 식으로든 얼굴을 마주해야 했습니다. 불편한 사람과 매일 끼니를 함께 먹고 시간을 보내야 한다는 것은 여간 어려운 일이 아니었습니다. 사람마다 불편했던 이유는 제각각이었지만, 한 공간에 잠시라도 함께 있다는 것 자체가 고역인 사람과 매일을 살아가야 한다는 것은 지독한 우울과 절망을 불러왔습니다.

그때는 그 사람만 없으면 한결 편할 것 같다고 생각했습니다. 그런데 시간이 흐르고 다른 공간으로 이동하자 또다시 '제발 쟤만 없어지면 살겠다!' 싶은 '또다른 그'가 나타났습니다. 어느 날 나는 저 사람의 무엇이 그리도 불편했을까 생각해보았습니다. 그의 무례와 무시하는 듯한 시선, 신경을 거슬리는 행동 때문에 불편했을까? 아니요, 실은 나는 매번 그 사람이 싫은 이유를 새롭게 만들어내고 있었습니다. 어느 날 내 안에 있는 불만과 미성숙함을 타인에게 투사하는 나 자신을 발견했습니다.

누군가가 이다지도 싫은 원인을 구분해야 할 필요성을 느꼈습니다. '나로부터 시작된 것'과 '너에게서 오는 것', '개인적인 차원'과 '집단과 사회적인 분위기에서 기인한 것'에 대한 구분 말이지요. 이렇게 결을 나누어 생각해보니, 사람을 미워했던 그 수많은 순간마다 제 부조리함과 미성숙을 반성하기보다 습관적으로 상대에게 그 원인을 투영하고 몰아가며 미워한 적이 많았다는 것을 깨달았습니다. 물론 이것은 세상에 널린 쉽고도 흔해빠진 선택이었습니다.

성경은 유대 사회의 정치, 종교 영역에서 가장 중요한 역할을 했던 최고의회가 어떻게 예수를 죽음으로 몰아갔는지, 그 공동체의 사회심리적인 단면을 다음과 같이 보여줍니다.

온 민족이 멸망하는 것보다 한 사람이 백성을 위하여 죽

는 것이 여러분에게 더 낫다는 사실을 여러분은 헤아리지 못하고 있소. (요한 11, 50)

성경은 한 사회의 구조적 문제점을 어느 특정인의 탓으로 몰아감으로써, 불행의 책임을 계속해서 남에게 뒤집어씌우고자 하는 인간의 원초적 대속 심리를 보여줍니다. 그럼으로써 나는 죄 없는 선량한 사람이라 믿으며 현재 벌어진 눈앞의 문제들은 나와 무관한 양 외면하려 하지요. 이는 중세 시대의 마녀사냥에서도 쉽게 드러나는 인간의 허점이었습니다. 그런데 이게 꼭 역사상 어느 한 시대, 한 사회만의 문제였을까요?

가정에서도 유난히 튀는 가족 구성원 한 명을 콕 집어 문제아 취급할 때가 많고, 직장에서도 그 대상이 상사든 말단 사원이든 일이 잘 풀리지 않는 이유를 어느 한 사람의 문제로 몰아가기는 너무나 쉽습니다.

그런데 그 사람만 없어지면 정말 내가 편하고 행복해지나요? 지금 제 곁에는 그때 불편했던 사람들이 없습니다. 그렇다면 과연 지금 나는 그 사람이 없어져서 행복한 걸까요? 그대가 지금 죽도록 미워하는 이가 있다면 그는 과연 누구일까요? 혹시 나는 인생에서 사라지면 짜릿할 듯한 누군가를 계속해서 만들어내며 내 불행의 핑계를 전가하는 것은 아닐까요?

> 일이 잘 풀리지 않는 이유를
> 어느 한 사람의 문제로 몰아가기는
> 너무나 쉽습니다.
> 물론 이것은 세상에 널린
> 쉽고도 흔해빠진 선택이었습니다.

Nec tecum possum vivere
nec sine te.

마음 내키는 대로 말하는 사람은 내키지 않는 소리를 듣게 되리라.

Qui quae vult dicit,
퀴　　　퀘　　　불트　　　디치트,

quae non vult audiet.
퀘　　　논　　　불트　　　아우디에트.

테렌티우스, 『안드로스의 여자Andria』, 920

제 인생에도 마음 내키는 대로 말했다가 되돌아왔던 수많은 내키지 않는 소리들이 있었습니다. 반면 마음 내키는 대로, 입이 터진 대로 말하는 사람들 때문에 제가 상처받고 아파했던 기억도 있습니다. 때로는 누군가가 전혀 악의 없이 무심코 한 말인데도 내 안에 있는 상처가 덧나 그 말이 흉터로 남는 경우도 있었습니다. 그러나 간혹 뇌가 혓바닥을 조절하지 못하는 사람들을 맞닥뜨릴 때가 있습니다. 혓바닥으로 무자비하게 칼을 날리는 사람들. 그 자리에서 굳이 응수해주고 싶지도, 결코 다시 만나고 싶지도 않은 그런 사람 말이지요.

저도 사춘기 시절 내키는 대로 말하며 살았습니다. 가장 가까이 있는 부모님께 온갖 아픈 말들을 했지요. 그래도 된다고 생각했습니다. 저는 가난한 집안의 상처받은 아이였으니까요. 부모님은 그런 저를 탓하시지 않았습니다. 그렇게 저는 비뚤어진 혀를 입안에 독처럼 물고 커나갔고, 이후 기숙 시설에서 수많은 타인과 함께 지내게 되었습니다. 기숙사에서는 고학년으로 올라가면 독방이 배정되는데, 제 방에는 찾아오는 동료가 거의 없었습니다. 그러다 한꺼번에 동료들이 제 방을 찾아오는 때가 있었으니, 바로 시험기간 무렵이었습니다. 동료들은 제 방에 모여 예상 시험문제와 이번 시험의 대비책을 물어왔습니다. 저는 혼자 의자에 올라앉아 바닥에 빙 둘러앉은 동료들을 향해 어떤 문제가 나와도 답할 수 있는 '만능답변'이라며 의기양양하게 설명했습니다. 여러 동료들은 그제야 한 학기 동안의 수업 내용을 이해했다며 고맙다는 인사와 함께 물러갔습니다. 그런데 나와 동료들의 친밀감은 딱 거기까지였습니다. 시험이 끝나면 그들이 함께 외출해 일상을 보내는 것은 언제나 제가 아닌 다른 동료였습니다. 이후에도 사람들은 내게 뭔가 필요한 것이 있으면 연락해왔습니다.

저는 외로웠습니다. 저의 외로움은 제 휴대폰 통화기록에 고스란히 드러나 있었습니다. 큰 시험이나 프로젝트를 앞두고 있을 때면 저에게 수많은 전화가 걸려왔으나, 공백기가 되면 돌연 연락이 뚝 끊겼습니다. 특정 기간엔 수신전화가 몰아쳤지만, 언제나 발신전화는 극히 드물었습니다. 제 휴대폰 속에 저장된 수많은 이름들 가운데 제가 먼저 전화해서 '밥 한끼 하자' '영화 보러 가자'고 편히 불러낼 사람은 거의 없었습니다.

어느 날 제 주변에 사람이 없는 이유가 무엇일까 곰곰이 생각했습니다. 저는 사람들에게 무심했습니다. 공부나 작업에 돌입하면 주변 사람들을 까맣게 잊었습니다. 어머니 생전엔 어머니의 생신도, 돌아가신 이후엔 기일도 거의 아무것도 기억하지 못했습니다. 어머니에게 이랬으니 주변 사람들에게는 무심을 넘어 무례했을까요. 부정하고 싶지만, 아마도 그랬던 것 같습니다. 무엇이든 선명하고 정확하게 전달하겠다는 핑계로 제 마음 내키는 대로 이야기해서 타인을 불편하게 했던 제 모습이 떠올랐습니다.

최규석 작가의 만화 『송곳』(창비, 2015)에는 이런 대사가 나옵니다.

"사람들은 옳은 사람 말 안 들어. 좋은 사람 말을 듣지."

저는 꼿꼿하고 언제나 옳으며 시험의 답안을 알고 있는 사람이었으나, 사람들이 함께 밥 먹고 온기를 나누고 싶은 좋은 사람은 아니었던 것 같습니다. 그때 저는 사람들이 나를 필요에 의해서만 이용한다고 원망했지만, 정작 사람들에게 필요한 것만 주려 했던 것은 저였습니다. 그들이 필요로 하는 것을 전달하면 나를 좋아해줄 거라 믿었지만 아니었습니다. 아무런 필요와 목적이 없을 때도 함께하는 것, 그것이 진정한 인간관계이고 우정이라는 것을 그때의 저는 알지 못했습니다.

신약성경에 나오는 예수의 화법 가운데 제 마음을 울리는 표현이 하나 있습니다. 요한복음(5, 24; 12, 24; 14, 12)에 있는 "내가 진실로 진실로 너희에게 말한다"는 내용입니다. 라틴어로는 "Amen, amen dico vobis아멘, 아멘 디코 보비스" 입니다.

네, 우리가 아는 그 '아멘' 맞습니다.

저는 이 구절을 읽을 때마다 '도대체 얼마나 안 믿었으면' 이렇게 얘기를 시작할까 생각했습니다. 그리고 예수가 그토록 '진실로, 진실로' 우리에게 말하고자 한 내용 중에 하나는 이것이 아닌가 생각했습니다.

남을 심판하지 마라. 그러면 너희도 심판받지 않을 것이다.
남을 단죄하지 마라. 그러면 너희도 단죄받지 않을 것이다.
용서하여라. 그러면 너희도 용서받을 것이다.
주어라, 그러면 너희도 받을 것이다. (루카 6, 37)

그러므로 남이 너희에게 해주기를 바라는 그대로 너희도 남에게 해주어라. 이것이 율법과 예언서의 정신이다.

(마태 7, 12)

　언제 들어도 아름다운 말씀이지만 여전히 그렇게 살지 못하는 저에게는 늘 어렵게 다가오는 문장입니다. 예수가 십자가형에 이르렀던 이유 가운데 하나는 의당 그렇게 살아야 할 도리대로 살지 못하는 그 시대 사람들의 폐부를 계속해서 긁어서일지도 모릅니다. 사람들은 예수의 언행에 의해 확인되는 나의 부조리함을 보고 싶어하지 않았을 겁니다. 그런 맥락에서 차라리 그가 세상에 없는 것이 낫겠다고 생각했겠지요.

　사람들은 예수의 목숨을 거둘 수는 있었지만 그의 말씀까지 죽여 없애지는 못했습니다. 예수의 말씀은 지금도 생생히 살아 타인을 함부로 단죄하고 내키는 대로 지껄이는 이들을 향해 형형하게 빛나고 있습니다.

친구들이 없다면
사람은 행복해질 수 없습니다.

Sine amicis vir non
시네   아미치스   비르   논

potest esse beatus.
포테스트   에쎄   베아투스.

당신은 친구가 있습니까? 적당히 알고 지내며 적절한 횟수로 만나는 지인이 아닌, 휴대폰 속 저장된 수많은 이름 가운데 힘들고 어려울 때 언제든 속내를 이야기할 수 있는 친구 말입니다. 현대사회는 어느 때보다 촘촘하게 사람과 사람이 연결되어 있지만, 역설적이게도 친구를 갖기 어려운 시대이기도 합니다. 과도한 경쟁 사회가 사람을 사람으로, 친구를 순수하게 친구로 대하기 힘들게 하기 때문입니다.

당신은 인생에서 어디에, 누구를 지향점으로 두고 사나요? 저는 공부하면서 제 주변 사람과 경쟁하려 들지 않았습니다. 주변 인물과 나 자신을 비교하면서 스트레스를 받지 않기 위해서였습니다. 친구나 지인에게 좋은 일이 생기면 가능한 한 크게 그의 성공을 축하했습니다. 학생들이 공부하기 싫어하는 이유는 학업 스트레스 때문이기도 하지만, 엄마 친구의 아들딸과 비교당하는 상처가 너무 커서일 수도 있습니다.

저는 아예 제 눈앞에 없는 인물을 제 인생의 기준점으로 삼았습니다. 책 속의 위인과 명사, 거장들을 감히 저의 경쟁 상대로 세워둔 거지요. 책 속에 나오는 인물들은 질투하거나 눈치 싸움을 하거나 감정적으로 부딪칠 필요가 없어 좋았습니다. 저는 책에 기록된 이들을 제 공부의 경쟁상대로 삼아 그들을 능가하고자 했습니다. 물론 결국 능가하지는 못했지만, 이러한 마음가짐 덕에 오랫동안 우직하게 공부할 수 있었습니다. 위인이나 거장들은 바위처럼 역사 속에 굳건하게 서 있는 표지석이니까요.

작가가 되고 나서는 참으로 넘어서고 싶은 대학자가 한 분 계셨습니다. 그분은 바로 베네딕토 16세 교황입니다. 베네딕토 16세는 컴퓨터를 사용하지 않고 만년필을 이용해 깨알만한 글씨로 손수 모든 원고를 썼습니다. 놀라운 것은 마치 자신이 써야 할 한 권의 책이 머릿속에 다 저장돼 있는 것처럼 막힘없이 처음부터 끝까지 써내려간다는 점입니다. 아울러 그는 가장 간결하면서도 아름다운 문체의 라틴어 문장을 씁니다. 이런 글을 쓰기 위해서는 도대체 머릿속에 얼마만큼 두껍고 완벽한 사전이 들어 있어야 하는 것인지를 생각하며 저는 탄복합니다. 제 글쓰기의 모범은 바로 베네딕토 16세입니다.

그래서 저는 제 글에 쉽게 만족하지 못합니다. 경쟁상대가 주변 인물이 아니기에 생활 속에서 받는 스트레스는 덜하지만, 저 자신을 채찍질하는 마음으로 계속해서 배우고

정진해야 합니다.

이제 공부든 어떤 분야든 경쟁상대를 가까이에 있는 학급 동료나 친구, 주변 사람이 아니라 책 속의 인물이나 세계적인 인물로 설정하고 자기 자신을 담금질해가면 어떨까요? 주변 인물을 경쟁상대로 여기면 친구를 사귀기가 힘듭니다. 그리고 친구들이 없으면 사람은 결코 행복해지기 힘듭니다. 하물며 주변 인물을 모두 경쟁상대로 돌리면 친구는 고사하고 본인조차 숨쉬기 힘들어질 겁니다. 내가 숨쉬고 살기 위해서라도 우리는 주변인을 경쟁상대로 몰아가는 풍토와 태도에서 최대한 멀어져야 합니다.

작은 것에 만족하면서
사는 법을 배운 사람은
행복하다.

Felix est,
펠릭스　에스트,

qui didicit contentus vívere parvo.
퀴　　디디치트　　콘텐투스　　비베레　　파르보.

제가 이탈리아에서 공부할 때 친구들에게 배운 것이 있습니다. 여럿이 돈을 모아 바람을 쐬러 가기로 하고 멀리 있는 산에 갔을 때입니다. 해발 1500미터 평평한 지대에 작은 꽃이 많이 피었는데, 친구들이 쉬다가 더이상 올라갈 생각을 하지 않았습니다. 왜 더 안 올라가느냐고 물었더니 배낭을 베고 누워서 하늘을 보던 친구가 말했습니다.

"이런 거 해봤냐? 우린 이런 시간을 누리려고 사는 거야."

저는 그날을 잊을 수 없습니다. 저는 제가 왜 행복하지 않은지 그때 깨달았습니다. 소소한 일상의 즐거움과 기쁨, 마음의 평화를 가져다주는 시간─이런 시간은 짧지만, 이 짧은 시간의 총량이 행복의 얼굴입니다.

약한 사람은 자신과
가장 가까운 사람에게만 강하다.

Infirmi tantum valent iis

인피르미　　　탄툼　　　발렌트　이이스

qui sunt proximis.

퀴　　순트　　프록시미스.

절박한 처지에 놓이다보면 상식적으로 납득이 안 되는 것을 해결책으로 믿는 경우가 종종 생깁니다. 또 너무 절박해지다 보면 현재 상황을 결코 호전시키거나 넘어설 수 없다는 생각에 붙들리기도 하지요. 두려움은 늘 더 나쁜 믿음으로 기울어지게 하는 경향이 있으니까요.

가난한 처지와 절박한 상황에 내몰리면 사람은 가장 가까이에 있는 사람을 가장 힘들게 만듭니다. 저의 아버지는 알코올중독자였습니다. 한 번 술잔을 들면 몇 날 며칠을 술 이외에는 아무것도 드시지 않고 계속해서 술만 마셨습니다. 밖에서 아버지는 호인으로 불렸지만, 나는 술에 찌든 그의 모습에서 어떠한 호인의 흔적도 발견할 수 없었습니다. 저는 그저 아버지와 마주하는 상황을 피하고만 싶었습니다. 아버지의 모습을 보면서 약한 사람들은 왜 자신과 가장 가까운 사람들에게만 강하고 거친지 의문이 들었습니다.

저는 성인이 된 후 술을 배웠지만, 어느 시점부터 술을 아예 입에 대지 않았습니다. 다른 사람들에게는 장기간 복용하는 약의 부작용 때문에 술을 마실 수 없다고 말했지만, 그렇다고 한 잔도 못 마실 정도는 아니었습니다. 저의 내면에는 아버지처럼 무너지고 싶지 않다는 생각이 강하게 작용하고 있었습니다. 그리고 이런 미성숙한 상태에서 사랑하는 사람을 만나 결혼한다면 그 사람에게도, 나에게도, 이후에 태어날 생명에게도 모두 큰 불행만 초래할 거란 생각이 들었습니다. 밖에서는 착하고 좋은 사람이지만 집에 돌아오면 가장 가까운 사람을 힘들게 하는 존재가 될까 두려웠습니다. 그러한 두려움은 누군가를 영영 제대로 사랑할 수 없으리라는 더 나쁜 믿음으로 기울어졌습니다.

훗날 저는 선생이라는 호칭으로 불리면서 여러 청소년, 젊은이들과 면담이라는 형태로 만날 기회를 얻었습니다. 그러면서 가장 힘들어하는 젊은이들에게서도 약한 사람의 특징이 드러나는 것을 종종 보았습니다. 자신의 상황이 어렵고 복잡할수록 그들도 가장 가까운 사람을 힘들게 했습니다. 가장 대표적인 사람이 그들의 어머니였죠. 방에서 안 나오기, 잠만 자기, 가족과 일절 대화 안 하기 등 약한 사람의 방식으로 저항하는 젊은이들이 많았습니다. 반면 밖에 나가 친구들을 만나면 언제 그랬냐는 듯 상냥하고 좋은 사람이 되고요. 성인이든 미성년이든 가장 가까운 사람에게만 강한 것은 그저 약한 사람의 습성일 뿐입니다.

부모도 때로 자식을 타인으로 봐야 할 필요가 있지만, 자식 역시 자신의 부모를 타인으로서 정중하게 대할 필요가 있습니다. '나의 엄마'가 아니라 '어느 중년 혹은 노년의 여성'으로 바라본다면 측은지심을 느낄 것입니다.

부디 내가 가장 약하고 가난한 시절에도 다만 가까이 있다는 이유로 내 가족에게 약자의 패악을 부리지 않기를.

어머니와 함께 더 오래 지내다.

Cum matre plus esse.
쿰   마트레   플루스   에쎄

가끔 간절히 부르고 싶은 호칭이 있습니다.

엄마, 어머니.

성인이 된 후 저는 유치원이나 학원을 마치고 "엄마!" 하면서 뛰어가는 아이의 모습을 보면 묘한 감정이 들었습니다. 그날 있었던 일을 엄마에게 재잘재잘 설명하는 아이의 모습을 보고 있노라면, 내게는 부재하는 어떤 아름다운 꿈을 꾸는 것만 같았습니다. 저는 학교를 마치고 돌아와서 다정하게 '엄마' 하고 부를 수 없었습니다. 밖에서 있었던 일을 종알종알 얘기해본 기억도 없지요. 그렇게 결핍을 떠안은 채로 훌쩍 성인이 되어버린 아이는 영원히 같은 장면을 반복해서 환영처럼 봅니다.

제게 어머니라는 존재의 공백은 성인이 되어서도 그 무엇으로도 채워지지 않는 공허함으로 남았습니다. 그것은 기도나 어떤 명상으로도 채워지지 않았습니다. '엄마'는 그저 엄마였습니다. 가끔 어머니 같은 어른이 제 앞에 나타나 선의를 베풀기도 했지만, 지금도 제게 엄마는 그 누구도 대신할 수 없는 공백으로 남아 있습니다. 내 안에 있는 텅 빈 공간과 목마른 갈구를 느끼면서 내게 없는 것을 실감했습니다. 그러나 여기에 없는 것을 있는 척할 필요도 없고, 없음을 감출 이유도 없었습니다. 없는 것은 그냥 없는 것이었습니다.

그렇지만 없다는 것은 삶을 힘들게 하는 요인이 되지만 걸림돌이 되는 것은 아니었습니다. 어떤 없음은 영원히 채워지지 않아도 그 없음 때문에 내가 망가지거나 퇴보할 이유는 없습니다.

그럼에도 '엄마'라고 다정하게 불러보고 싶은 그 마음까지 감추고 싶지는 않습니다. 당신도 있었더라면 좋을 텐데 '내겐 없다'고 생각하는 것을 한번 다정하게 불러보십시오. 그 부름 속에서 어쩌면 자연스럽게 인간의 운명에 대해 생각해 볼 수 있을지도 모릅니다. 우리에게는 '운명'이란 단어보다 '팔자'라는 말이 더 익숙하게 다가올 수도 있겠네요.

로마인들은 '말하다'라는 뜻의 동사 'for(포르)'의 과거분사 'fatum(파툼, '말하여지다'라는 뜻)'을 명사화하여 '운명'이란 단어로 사용했고, 여기서 바로 '운명'이라는 뜻의 영단어 'fate'가 유래했습니다. 로마인들은 운명이란 신들이 천명한 것으로 이해했습니다. 물론 오늘날의 현대인들은 운명을 말할 때 'fate'보다는 'destiny(영어)'라는 단어를 더 많이 사용하는 것 같습니다. destiny는 '정하다'라는 의미의 라틴어 동사 'destino(데스티노)'에서 유래했는데, 무의식 가운데 운명은 정해진 것, 그래서 바꿀 수 없는 것이라는 인식이 깔린 듯합니다. 혹시 오늘날 전복시키기 힘들어진 굳건한 계층사다리로 인해, 운명은 인간의 힘으로 돌릴 수 없다고 여기게 된 사람들의 열패감이 말에도 영향을 끼친 것일까요.

반면 그리스인들은 '운명'을 자신에게 할당된 '부분'으로 이해했습니다. 인간은 '부분'을 부여받으면서 태어나고, 바로 이 '부분'이 한 인간의 존재를 특징짓게 될 일련의 사건들을 결정지을뿐더러 죽음의 의미와 순간까지 결정한다고 보았습니다.

'빈 부분, 부재, 텅 빈 것'도 삶의 '부분'입니다. 사람은 저마다 '없는 것' '없는 부분'을 갖고 살아갑니다. 그래서 인간은 평등합니다.

자신의 아버지나 어머니를
욕하는 자는
사형에 처해야 한다.

Qui maledixerit patri suo vel matri,

퀴 　　　 말레디세리트 　　　 파트리 　 수오 　 벨 　　 마트리,

morte moriatur.

모르테 　　　 모리아투르.

탈출기 21, 17

부모님을 생각하면 복잡하고 묘한 기분이 듭니다. 그러나 성장기에는 도통 이해가 되지 않았던 그분들이 나이들수록 조금씩 이해되기 시작합니다. 이것은 부모님이 달라졌다기보다는, 내가 나이들어가면서 철도 들어 어른의 삶에 대한 이해의 폭이 커졌기 때문일 것입니다. 어느 날은 문득 나의 부모가 그 험난한 세월 동안 부부의 연을 놓지 않고 끝까지 살아주신 것만으로도 감사하다는 생각이 들었습니다.

"자신의 아버지나 어머니를 욕하는 자는 사형에 처해야 한다."

구약성서 탈출기에서 이 구절을 보고는 아무리 성경 속 이야기라지만 요즘의 관점에서는 받아들이기도 이해하기도 힘든 구절이라 생각했습니다. 부모를 원망해보지 않고, 부모에 대해 단 한 번도 투덜거려보지 않고 자란 자식이 세상에 어디 있을까요.

그런데 어느 날 문득 이런 생각이 들었습니다. 내가 나의 부모를 '별 볼 일 없는 사람'이라 여긴다면 나 또한 '별 볼 일 없는 사람'의 소생에 지나지 않는가! 내가 타인 앞에서 내 부모님을 규정하는 만큼, 나는 꼭 그만큼의 인간, 그 정도의 아들이 되는 셈이지요. 자신의 아버지나 어머니를 욕하는 인간은 자기 자신에게 형벌을 내리는 것이나 다름없다는 생각도 들었습니다. 자신의 존재 가치를 깎아내리고 자학함으로써 스스로를 죽음으로 내모는 사형과 마찬가지이지요.

그때부터 저는 부모님을 최고의 인간으로 생각하고 모시기 시작했습니다. 물론 그분들은 세상 사람들의 기준에서 볼 때는 절대 최고가 아니셨지만요. 하지만 분명한 것은 그 누구도 아닌 내가 나의 부모님을 최고라 정의했을 때, 그분들의 소생인 나도 최고의 인간이 될 수 있다는 것이었습니다.

이 생각은 가지를 더 뻗어나가 제가 가르치는 학생들에게까지 확장되었습니다. 저는 저의 제자들이 항상 '최고의 학생'이라 생각하고 그 믿음을 거듭 각인시킵니다. 그러면 일부 학생들은 겸연쩍어하면서 "제가 어떻게요? 우리가 뭘요?" 하는 반응을 보입니다. 하지만 이것은 단순히 제가 학생들의 용기와 학구열을 북돋기 위해 듣기 좋으라고 하는 말이 아닙니다. 사실 이 말은 학생들을 위한 언사가 아니라 그들을 가르치는 저 자신을 위한 말이었습니다. 나의 학생이 별 볼 일 없다면 그 학생을 가르치는 선생인 나 자신 또한 별 볼 일 없는 존재가 되고 마니까요.

"
내가 나의 부모를
'별 볼 일 없는 사람'이라 여긴다면
나 또한 '별 볼 일 없는 사람'의
소생에 지나지 않는가! "

*Qui maledixerit patri suo vel
matri morte moriatur.*

빨리 따라오는 사람들하고만 길을 걸어가야겠습니까? 더 늦게 오는 사람들을 버려두고 갈 수는 없습니다.

Sed numquid cum celerioribus

세드　　눔퀴드　　쿰　　첼레리오리부스

tantum ambulamus viam?

탄툼　　암불라무스　　비암?

Et qui tardius ambulant,

에트　퀴　타르디우스　　암불란트,

non sunt relinquendi.

논　　순트　　렐린쿠엔디.

아우구스티누스, 『요한 서간 강해』, 다섯째 강해 5

빨리 따라오는 학생들만 데리고 가려는 선생, 자신에게 경제적 정신적 지지를 수월하게 해주는 부모가 되어주지 못한다고 제 부모를 욕하는 자식, 이들은 모두 제 발등에 도끼를 찍는 어리석은 자들입니다. 더디 따라오는 학생이나 뒷받침을 잘할 수 없는 상황에 내몰린 부모들마저 존중하고 사랑하는 성숙한 인간이 되지 않으면, 자신과 연결된 그들의 결핍과 아픔을 모른 척 외면해버리고 나면, 그것은 평생의 상처와 얼룩이 되어 당신을 영영 따라다닐 것입니다.

나는 세상 한구석에 처박히려고
태어나지 않았다.
이 세상 전부가 나의 조국이다.

Non sum uni angulo natus;
논　　숨　　우니　　안굴로　　나투스;

patria mea totus hic est mundus.
파트리아　　메아　　토투스　　히크　에스트　　문두스.

세네카, 『루칠리우스에게 보내는 서한Epistulae ad Lucilium』, 28

부모님을 받아들이기에 앞서 그보다 힘들었던 것은 내가 태어나 존재한다는 사실을 받아들이는 일이었습니다. 저들이 과연 나의 부모가 맞는가? 이렇게 키울 거면 왜 나를 낳았지? 이럴 바엔 차라리 태어나지 않는 게 훨씬 더 좋았을 텐데. 하지만 내가 이 세상에 태어났다는 것도, 나의 부모님도 그 무엇도 돌이킬 수 있는 게 없었습니다.

변화의 첫 시작은 나의 탄생과 현재를 인정하고 받아들이는 마음뿐이었습니다. 어차피 태어났으니 '막 살지 말자'고 결심했습니다. 이 세상에 의지할 곳이라고는 내 몸뚱이 하나밖에 없는 인간이 막 살면 진짜 막 나가는 인생이 되고, 결국엔 아무것도 아닌 존재가 되겠다는 절박한 생각이 들었습니다. 이 깨달음이 소년 한동일에게 주어진 커다란 행운이었습니다.

수없이 많은 날을 눈물과 복받치는 감정으로 보낸 어느 날, 머리가 아주 차가워지는 느낌을 받았습니다. 내가 무엇이 될지, 어떠한 사람이 될지는 모르지만 내 안에 들끓고 있는 그 뜨거운 마음을 믿어보기로 결심했습니다. 그래도 나란 존재가 이 세상에 버려지듯 던져졌다가 사라지기 위해 태어난 것은 아니라고 생각했습니다.

아무도 나를 귀하게 여기지 않을 때 나는 스스로를 소중히 대하기로 결심했습니다. 그렇게 내가 나를 먼저 이해하고 나의 소중함을 받아들이자, 내 가장 가까운 이웃인 부모님도 소중하다는 생각이 들었습니다. 자식된 자로서 부모가 나에게 무엇을 해줄 것인가 바라고 기대하기보다 먼저 가져야 할 마음은 부모를 향한 연민이었습니다. 처음 부모가 되어서 많은 것이 서툴고 힘겨웠을 텐데 부모 역할을 하시느라 수고하셨다고, 살아주셔서 감사하다고 인간 대 인간으로서 건네는 연민 말이지요. 부모도 자식도 서로를 선택할 수 없는 관계이기에 단지 한 세대 먼저 태어났다는 이유만으로 완벽한 부모 노릇을 하기는 쉽지 않았을 것입니다. 나의 부모에게도 그 윗세대의 부모로부터 물려받은 상처가 있을 것입니다. 우리는 운명적이면서도 어찌 보면 그저 우연한 만남일 뿐입니다. 하필 나는 왜 이러한 부모에게서 태어났을까 생각하는 대신 만만치 않은 상황에서 아이를 키워야 했을 부모님에 대해 연민을 가져보십시오.

나는 세상 한구석에서 한탄하기 위해 태어나지 않았고 그저 내 몫을 살기 위해 태어났습니다. 이 세상 전부가 학교이고 선생입니다.

Non sum uni angulo natus;
patria mea totus hic est mundus.

" 자식된 자로서
   부모가 나에게 무엇을 해줄 것인가
   바라고 기대하기보다
   먼저 가져야 할 마음은
   부모를 향한 연민이었습니다. "

어떤 부모에게서
태어나느냐는
우리 소관이 아니었습니다.

Non fuit in nostra potestate
논 　　푸이트　인　　노스트라　　　포테스타테

quos sortiremur parentes.
쿼스　　　소르티레무르　　　　파렌테스.

세네카, 『루칠리우스에게 보내는 서한』, 28

어떤 사람도 특정인을 자기 부모로 정해 태어날 수는 없습니다. 어린 저도 그것을 알고 있었지만, 한 번의 연민과 깨우침으로 저를 완전히 바꿀 수는 없었습니다. 그러기에는 일상에서 보고 겪는 고통이 너무나 컸고, 그 고통은 가까스로 추어올린 나의 결심을 단번에 무너뜨렸습니다. 그때 나의 미숙한 삶은 마치 수용소에 갇혀 있는 것만 같았습니다. 피할수만 있다면 어디로든 피하고, 도망치고 싶었습니다. 그러나 내 작은 몸을 숨길 곳도 피할 곳도 없다는 사실이 절망스러웠습니다.

가난한 사람들에게서 태어난 가난한 사람_hominem pauperem de pauperibus natum; 호미넴 파우페렘 데 파우페리부스 나툼._ 그것이 바로 나였습니다. 그런 내가 선택할 수 있고 실행할 수 있는 것은 오직 몸부림과 절규뿐이었습니다. 그 절규는 마치 구약성경 하바꾹 3장 10절의 표현과 같았습니다.

"산들이 당신을 보고 몸부림칩니다. 폭우가 휩쓸고 지나 갑니다. 심연은 소리지르고 그 물줄기가 치솟습니다."

그런 가운데 나온 외마디 절규는 '살고 싶다'라는 외침이 아니라 '살려주세요'라는 호소였습니다.

저는 이렇게 읊조렸습니다.

주님, 제가 온 마음으로 당신을 찬미하리다. 당신 종에게 선을 베푸소서. 제가 살아 당신 말씀을 지키오리다. 저는 몹시도 고통을 겪고 있습니다. 주님, 당신 말씀대로 저를 살려주소서.

Confitébor tibi, Dómine, in toto corde meo: retríbue servo tuo: vivam, et custódiam sermónes tuos: vivífica me secúndum verbum tuum, Dómine.

콘피테보르 티비, 도미네, 인 토토 코르데 메오: 레트리부에 세르보 투오: 비밤, 에트 쿠스토디암 세르모네스 투오스: 비비피카 메 세쿤둠 베르붐 투움, 도미네. (시편 119, 17과 107 참조)

> " 가난한 사람들에게서
> 태어난 가난한 사람.
> 그것이 바로 나였습니다. "

Non fuit in nostra potestate
quos sort iremur parentes.

길을 (계속) 걸어가다.

Insisto iter(viam).

인시스토   이테르(비암).

살려달라고 탄식하는 영혼에게는 다음과 같은 질문이 따릅니다.

우리는 다시 '무엇을 희망할 수 있는가?'라는 물음 앞에 서 있습니다.

Ita iterum aliud quiddam interrogatur: quid sperare possumus?

이타 이테룸 알리우드 퀴담 인테르로가투르: 퀴드 스페라레 포쑤무스?

이제 다시 한번 질문해봅시다. 우리는 무엇을 희망할 수 있습니까?

Iterum nos ipsos interrogemus: quid sperare possumus?

이테룸 노스 입소스 인테르로제무스: 퀴드 스페라레 포쑤무스?

우리가 달려야 할 길은 무엇입니까?

Quæ est via per quam currimus?

퀘 에스트 비아 페르 쾀 쿠리무스?

어린 시절 저는 수업 시간에도 온통 딴생각뿐이었습니다. 오르기 힘든 산들을 몇 번이고 종주하고, 바다로 달려가 모래밭에서 한참을 넋 놓고 바다만 바라보고, 숨이 턱끝에 찰 정도까지 뛰었습니다. 그렇게 당장 밀려오는 화는 잠시 잊을 수 있었지만, 내가 무엇을 하고 어떠한 길을 걸어야 할지 또 무엇을 희망해야 할지는 여전히 알 수 없었습니다. 그저 삶이 주어졌기에 막연히 걷는다는 심정으로 길을 걸어갔습니다.

훗날 산티아고 순례길을 걸을 때였습니다. 처음 길을 나설 때는 그곳까지 내가 가지고 간 온갖 복잡한 생각들이 나를 휘감았습니다. 하지만 첫발을 떼고 길을 걷기 시작하자 머릿속에 떠오른 생각은 단순한 것들뿐이었습니다. 잠시 커피 한잔 하며 쉴 수 있는 곳은 언제 나타날까? 오늘 묵어야 할 숙소까지는 얼마나 남았을까? 그러다 어느 순간부터는 그냥 걸음걸이 자체에만 집중하게 됐습니다.

우리는 길 위에서 길을 묻습니다.

길을 나서기에 앞서 내가 가야 할 길을 면밀하게 조사해서 목적지를 선정하고, 동선을 짜고, 가는 길에 필요한 품목을 꼼꼼히 챙기더라도, 길을 나서지 않으면 아무 의미가 없

습니다. 우리가 달려야 할 길은 때로는 걸어가다 발견할 수
도 있습니다. 한 스포츠 브랜드의 광고 카피처럼 'Just do it'
입니다. 그냥 하는 힘입니다.

부모를 떠나십시오.

Relinquite parentes.

렐린퀴테 　　　　파렌테스.

'부모는 이 세상에 나를 태어나게 한 것만으로 모든 의무를 다했다.'

이 한마디를 가슴에 품어보십시오. 부모에게서 무언가를 바라는 마음과 기대를 놓아보십시오. 그러면 진짜 내 모습을 볼 수 있고 내가 어디에, 어떻게 서야 하는지를 보게 될 것입니다.

타인의 삶은
우리에게 스승이 된다.

Vita aliena est nobis magistra.

비타   알리에나   에스트   노비스   마지스트라.

미상, 『카토의 2행 연구들Disticha Catonis』, III, 13

무엇을 해야 할지 모른 채 그냥 하는 힘을 믿고 막연히 제 앞에 있는 길을 걸어갔습니다. 너무 힘들었습니다. 낯선 길을 걸어야 할 때 밀려오는 감정은 막연함보다는 두려움이 더 컸습니다. 어디까지만 가면 목적지가 있다고 알려줄 사람이 나타나기를 간절히 바랐습니다. 제겐 스승이 필요했습니다. 그 길에서 부모님이 스승이 되어주셨더라면 좋았겠지만, 모두가 그런 혜택을 누리는 것은 아니었습니다.

저는 '내게 없는 것을 탐하지 말자'고 마음을 다잡았습니다. 스승 같은 부모, 온전히 존경스럽고 닮고 싶은 부모는 제게 없는 것이었으니까요. 줄 것이 없는 이에게 왜 못 주냐고 해봤자 말하는 이도 듣는 이도 모두 난처할 뿐입니다. 여기서 저는 내가 할 수 있는 것과 할 수 없는 것을 명확하게 구분하고, 그 전제하에서 움직이기로 결심했습니다.

저는 부모가 내게 스승이 되어주지 못하더라도 일단 타인의 삶이 스승이 될 수 있다는 것을 알았습니다. 그러나 스승이 될 만한 이들은 역시 내 가까이엔 없었습니다. 너무 유명하신 선생님들은 감히 다가갈 수도, 제 형편으로는 그분들의 강의를 들을 수도 없었기 때문이지요. 그래서 저는 그들의 이야기를 읽기 시작했습니다.

이어령 선생의 어록집에 대한 추천사를 의뢰받았을 때가 기억납니다. 그때 저는 잠시 머리가 멍해졌습니다. 이어령 선생과는 일면식도 없는데다가 제가 감히 교류할 입장이 아니었기 때문에, 그분의 책에 제가 과연 말을 보탤 자격이 있을까 싶었던 것입니다. 그럼에도 이어령 선생의 어록집에 흔쾌히 추천사를 쓰기로 마음을 정한 것은 바로 선생의 책을 처음 만났던 날의 잊을 수 없는 기억 때문입니다.

중학교 2학년 겨울방학이었습니다. 처음 친구 형의 방에 들어갔다가 서가에 꽂힌 수많은 책들을 보았습니다. 외서가 아닌 한국어로 쓰인 책은 몇 권 되지 않았는데, 개중 가장 눈에 띈 것은 이어령 선생의 저서 『축소지향의 일본인』이었습니다. 그때 저는 선생의 책을 통해 뇌의 자극을 넘어 심장의 떨림을 느꼈고, 그 경험은 '소년 한동일'에게 공부에 대한 새로운 열망을 심어주었습니다.

우리는 책을 통해 타인의 삶을 만나고, 그 책은 아무것도 가진 것 없는 자에게도 기꺼이 스승이 되어줍니다. 모든 책이 선생이 될 수는 없지만, 한 사람의 선생이 되어줄 인생책은 세상 어딘가에 꼭 있습니다.

Vita aliena est nobis magistra.

66 모든 책이 선생이 될 수는 없지만,
한 사람의 선생이 되어줄 인생책은
세상 어딘가에 꼭 있습니다. 99

미련한 자는
제 길이 바르다고 여기지만,
지혜로운 이는
충고에 귀를 기울인다.

Via stulti recta in oculis ejus;
비아 스툴티 렉타 인 오쿨리스 에유스;

qui autem sapiens est audit consilia.
퀴 아우템 사피엔스 에스트 아우디트 콘실리아.

잠언 12, 15

그러나 우리에게는 책 말고도 얼굴과 얼굴을 마주하며 가르침을 청할 선생이 필요합니다. 위대한 선생은 엄청난 학위와 스펙으로 무장한 사람이 아니라 나의 가치와 가능성을 열린 마음으로 정확히 읽어주는 이들이었습니다. 원석도 못 돼서 그저 흙속에 파묻혀 있던 정체불명의 나라는 사람을 원석의 형태만이라도 갖추게 해준 분들이 있었습니다.

그런 선생님을 만나 주고받은 대화를 떠올려보면 저도 모르게 "제가요?"라는 말을 제일 많이 했던 기억이 납니다. 선생님이 너는 이러이러한 가능성이 있는 아이라고 했을 때, 그 첫 반응은 언제나 "제가요?"였습니다. 그 말이 도통 믿기지 않았습니다.

제게는 운명처럼 만난 첫 선생님이 있습니다. 제가 1994년 수도자가 되기 위해 1년간 세상과 단절하고 '예수고난회'라는 수도원에서 수련 프로그램을 받을 때 만난 '김준수 아오스딩' 수련장 신부님이셨습니다. 신부님은 저의 성장 배경을 들으시고는 그 고난이 앞으로 너와 비슷한 처지에 있는 많은 이들에게 위로와 용기가 되어줄 거라고 말씀하셨습니다. 그때 처음으로 부끄러워 감추고만 싶었던 나의 가정환경과 성장 배경이 더는 인생의 오점이나 치부가 되지 않으리란 걸 깨달았습니다. 저는 그 힘겨웠던 날들이 나의 역사가 되고 아름다운 배경이 될 수 있는 길을 찾아나서기 시작했습니다.

한 현명한 스승이 인생과 운명에 주눅들어 있던 제자를 흔들어 깨운 순간이었습니다.

66저는 그 힘겨웠던 날들이
나의 역사가 되고 아름다운 배경이
될 수 있는 길을 찾아나서기
시작했습니다.**99**

Via stulti recta in oculis
ejus; qui autem sapiens
est audit consilia.

너, 뭐가 그렇게 슬프냐?

Quid es tam tristis?

퀴드   에스   탐   트리스티스?

너, 뭐가 그렇게 슬퍼?

너, 뭐가 그렇게 힘들어?

이런 질문을 마주할 때, 저는 단 한 번도 마음 편히 '나 이래서 슬퍼' '나 이래서 힘들어'라고 대답할 수 없었습니다. 언제나 숨이 꽉 막힐 듯한 애잔한 슬픔만이 밀려왔습니다.

'아! 나에게도 의지할 가족이 있다면, 마음놓고 말할 친구가 단 한 사람이라도 있다면 얼마나 좋을까.'

숨을 곳도, 숨겨줄 사람도 없는 그 시절 나는 사막 한가운데 홀로 서 있는 기분이 들었습니다. 그리고 무작정 계속 홀로 가는 길에서 지쳐 더이상 나아가지 못하고 있을 때, 운명 같은 은인들을 만났습니다.

세상엔 합당한 이유도 없이 나를 죽도록 방해하고 적의를 표하는 인간들이 있는가 하면 아무 이유도 대가도 없이 나를 도와주는 사람들도 있었습니다. 그들의 선의 속에서 나는 그동안 쌓아온 수많은 벽을 허물었습니다. 내가 아무리 높은 담을 쌓아도 운명 같은 은인들은 그 벽 너머로 들어왔습니다. 그래서 살 수 있었습니다. 사람에게는 사람만이 희망이고 구원이었습니다.

그분들은 왜 그때 가진 것 없이 웅크리고 있던 내게 선의를 베풀었을까. 이따금 생각해보지만 사실 저는 그 이유를 아직도 잘 모르겠습니다. 하지만 분명한 것은 그들은 내게 '너, 뭐가 그렇게 슬프니?' '너, 뭐가 그렇게 힘드니?'라고 캐묻지 않았다는 사실입니다. 그들은 그저 언제 도착했는지 모를 선물처럼 다가와 바위처럼 저를 짓뭉개고 있던 슬픔과 힘겨움을 조용히 들어올려줄 뿐이었습니다.

"세상엔 합당한 이유도 없이
나를 죽도록 방해하고 적의를 표하는
인간들이 있는가 하면
아무 이유도 대가도 없이
나를 도와주는 사람들도 있었습니다.**"**

Quid es tam trist is?

어리석은 이들은 운명을 두려워하나 지혜로운 이들은 운명을 가지고 다닌다.

Stulti timent fortunam,
스툴티 　티멘트 　포르투남,

sapientes ferunt.
사피엔테스 　페룬트.

푸블릴리우스 시루스, 『격언Sententiae』, 476

나의 가족사와 가정환경이 아름다운 배경이 될 수도 있겠다는 가르침은 제 가슴을 뜨겁게 달구었지만, 여전히 현실에서 가족과 사는 집을 남 앞에서 아무렇지 않게 공개하기는 쉽지 않았습니다. 나의 환경을 어렵사리 공개했을 때 타인에게서 돌아오는 반응은 대체로 '나보다 별 볼 일 없는 사람이었구나' 하는 듯한 묘한 안도감이나 우월감, 혹은 '이토록 내세울 게 없는 인간이라니' 하는 식의 냉소일 때가 많았습니다. 저는 그들의 한없이 가벼운 태도와 말을 관찰하며 별 볼 일 없고 보잘것없는 것은 내가 아니라 당신이라고 생각했습니다.

이따금 어려운 이웃을 돕는 자선 행위에서 오히려 얼음장 같은 냉소와 우월 의식을 발견하곤 합니다. 도움받는 이에게도 인격이라는 것이 있다는 사실을 소홀히 여긴 사진이나 방송이 우리 주변엔 널려 있습니다. 누군가의 힘든 배경을 두고 별 볼 일 없다 코웃음 치고, 누구나 언젠가 어떤 식으로든 약하고 작은 존재로서 도움받는 처지가 될 수 있다는 것을 간과하는 자들의 사고야말로 참으로 별 볼 일 없는 것입니다.

하지만 제가 이렇게 생각할 수 있기까지는 참으로 오랜 시간이 걸렸습니다. 청년 시절 가까스로 제 마음을 추스르며 다짐한 것은, 될 수 있으면 나의 배경에 대해서 구구절절 이야기할 필요가 없다는 것이었습니다. 분명 운명은 두려워하거나 감출 것은 아니지만, 그것을 지고 가기 위해서는 입을 다물어야 하는 순간과 떳떳이 밝혀야 하는 결정적 순간이 따로 있다는 것을 깨달았습니다.

내 운명은 사는 동안 내내 '가지고 다니는' 것이었습니다. 수치심도 허세도 없이.

허튼 곳에 흘리지도 않고, 괜스레 남몰래 꽁꽁 묻어두지도 않으면서.

> "내 운명은 사는 동안 내내
> '가지고 다니는' 것이었습니다.
> 수치심도 허세도 없이.
> 허튼 곳에 흘리지도 않고, 괜스레
> 남몰래 꽁꽁 묻어두지도 않으면서."

Stult it iment fortunam,
sapientes ferunt.

올바르게만 처신한다면
그대는 왕이 되는 셈이지.

Rex eris, si recte facies.
렉스   에리스, 시   렉테   파치에스

테렌티우스

제게는 열일곱 살 위의 형님이 계십니다. 제가 초등학교 3학년 때 형님이 결혼하셨고, 형수님은 시동생에게 선물을 사주고 싶다 하셨습니다. 무엇을 갖고 싶으냐는 질문에 저는 형수님의 손을 이끌고 서점에 갔습니다. 그곳에서 저는 정말 난생처음으로 돈 걱정 없이 보고 싶은 책들을 쏙쏙 골라 들었습니다. 형수님은 많다 적다는 이야기 한마디 없이 제가 고른 책을 다 사주셨습니다. 그날 그 서점에 가던 길, 서점의 분위기, 서가 사이를 누비던 제 신나는 발걸음까지 지금도 생생하게 기억합니다.

집으로 돌아와 서둘러 책을 읽기 시작했어요. 그 가운데 어떤 남자가 자신이 왕이 될 팔자라는 점쟁이의 말을 듣고는 아무것도 하지 않고 살다가 정말 아무것도 되지 않았다는 이야기가 아주 생생하게 각인돼 있습니다. 그 이야기를 읽으며 그 어린 나이에도 '나는 뭘 해야 하지? 아무것도 하지 않으면 안 되는데'라는 생각에 입이 말랐던 기억이 납니다.

인생에서 운명처럼 다가온 은인들은 갑자기 저절로 나타난 것 같지만 실은 그렇지 않습니다. 은인과의 인연은 닥쳐오는 것을 견뎌내고 고난 속에서도 무언가를 해낸 사람에게

오는 선물입니다. 올바르게 처신한 사람에게만 다가오는, 아니 스스로 간절히 불러낸 선물 말입니다.

" 은인과의 인연은
닥쳐오는 것을 견뎌내고
고난 속에서도
무언가를 해낸 사람에게
오는 선물입니다. **"**

Rex eris si recte facies.

나는 너를 세상의 중간 존재로 자리잡게 하여 세상에 있는 것들 가운데서 아무것이나 편한 대로 살펴보게 하였노라.

Medium te mundi posui,
메디움　　　테　　문디　　　포수이,

ut circumspiceres inde comodius
우트　　　치르쿰스피체레스　　　인데　　　코모디우스

quicquid est in mundo.
퀵퀴드　　에스트　인　　　문도.

조반니 피코 델라 미란돌라,
『인간 존엄에 대한 연설 Oratio de Hominis Dignitate』, 5, 21

그렇게 선물 같은 사람들이 다가왔지만, 꽤 많은 순간 저는 그들을 알아보지 못하고 떠나보냈습니다. 머리로는 나의 성장 배경을 디딤돌로 삼으리라 결심했지만, 사람들이 면도날 같은 말과 태도로 마음을 획획 그어놓을 때마다 저는 허우적거렸습니다. 상처는 쉽게 아물지 않는데, 하나의 상처가 아물기도 전에 더 큰 다른 상처가 덧입혀졌습니다. 시간이 빨리 지나가기만을 바랐습니다. 어서 어른이 되고도 싶었습니다. 어떻게든 집을 떠나고 싶었고, 도망치듯 들어간 수도원조차도 떠나고 싶었습니다. 그러나 제게 더는 갈 곳이 없다는 것이 또다른 절망으로 다가왔습니다.

저의 제자들 가운데 결혼을 앞두고 있다가 신혼집 마련 문제로 혼인이 깨지는 경우를 종종 봅니다. 살아갈 안식처를 마련하는 게 이렇게 힘듭니다. 내 몸 둘 곳 하나 마련하기 힘든 세상에서 나는 내 마음 둘 곳을 찾아 헤매야 했습니다. 내 몸을 둘 물리적 공간을 당장 마련하기는 힘들어도 내 마음 둘 곳을 마련하기는 그나마 좀 쉬울 것 같다는 생각이 들었습니다. 이 세상에 내 마음 둘 곳은 오직 시간뿐이었으니까요. 시간은 내 노력 여하에 상관없이 어떤 아픈 기억들을 완전히는 아니어도 어느 정도는 희석시켜주었습니다. 저는 그런 시간을 믿어보기로 했습니다. 지나가지 않는 것은 없으니까요.

그리고 또다른 결심을 했습니다. 타인이 내게 주는 상처는 어쩔 수 없는 일이지만, 그 상처로 인해 툭툭 튀어나오는 나의 모난 태도와 못난 말들을 스스로 용납하진 말자고요. 나의 힘겨움을 핑계로 타인에게 상처가 되는 말을 하는 나 자신을 보았습니다. 물론 타인이 나의 상처를 건드린 적도 있지만 그만큼 나도 그들의 감정선을 건드려 메아리처럼 돌아온 상처도 많았습니다. 내 상처를 더 후벼파지 않기 위해서, 나의 생존을 위해서 '쟤 왜 저래?' '저 사람 나한테 왜 그래?' 라는 생각을 버려야 했습니다. 그때 처음으로 무수한 타인들에게 거칠게 향했던 시선을 내 안으로 거두기 시작했습니다.

내가 극단적으로 미워했던 타인들은 가난한 내 영혼의 반영이었습니다.

" 내가 극단적으로 미워했던
타인들은 가난한 내 영혼의
반영이었습니다. "

*Medium te mundi posui,
ut circumspiceres inde comodius
quicquid est in mundo.*

제 운명을 한탄하다.

Suum fátum queror.

수움 　　파툼 　　퀘로르.

안토니오 비발디의 음악을 듣다보면 이 곡이 저 곡 같고 저 곡이 그 곡처럼 비슷비슷하다고 느껴질 때가 있습니다. 당대의 비평가들도 이 점에 대해 비판했지요. 그런데 이는 18세기 오페라 창작의 배경을 알면, 어느 정도 이해되는 부분이 있습니다. 오늘날 음악가들의 현실도 크게 다르지 않지만, 당대의 작곡가들은 대중이 특정한 분위기에 열광하면 한동안은 철저히 그 구미에 맞춰줘야 인기를 유지할 수 있었습니다. 그래서 오페라 단장으로서 비발디는 종종 자신의 음악적 영감이나 완성도와는 상관없이 대중의 욕구에 맞추어 급히 성악곡과 기악곡을 작곡해야 했습니다. 이런 악보를 쓸 때 비발디는 화를 내며 마치 하청업자 같은 작업을 하고 있다며 불만을 토로했다고 합니다.

그리하여 18세기에는 어느 한 작품이 대중에게 엄청난 인기를 끌면 거기에 약간의 변화를 준 아류곡들이 수없이 창작되어 가지를 뻗는 양상을 띠었습니다. 오페라 작곡을 할 때 일종의 재활용이 있었던 것인데, 이전 공연에서 인기 있었던 아리아를 다시 뽑아 쓰고 새 악보를 중간중간 삽입하는 방식이 공공연히 자행되었습니다. 이것은 대음악가의 창작 과정의 일면이겠지만, 사뭇 처절하기까지 합니다.

그러면 그들의 일상도 그들이 완성한 인기곡처럼 근사하고 유려하게 흘러갔을까요? 아닙니다. 그들의 일상에는 상처와 얼룩, 자포자기하는 마음으로 도배된 수많은 순간들이 있었습니다. 심지어 남들에게 이야기하기 어려운 치부와 아픔들도 허다했지요. 그런데 그들이 대단한 것은 그토록 고통스러운 창작의 와중에도 자기 자신에 대한 믿음을 잃지 않고 자신이 걸어간 분야에서 한 획을 그었다는 것입니다. 이 위대한 인물들처럼 우리도 나만의 분야에서 굵직한 획을 그을 수 있다면 얼마나 좋겠습니까. 그러나 모든 인간이 그렇게 살 수는 없습니다. 인간은 자신에게 주어진 생의 정해진 시간을 다 살아내는 것만으로도 자기만의 유일한 한 획을 긋는 셈입니다. 스스로에 대한 단단한 믿음을 품고서 각자의 긴 터널을 빠져나올 때 우리는 각자의 길 위에서 더 나아갈 수 있습니다. 그리고 그때 비로소 우리는 서로에게 곁이 되어줄 수도 있을 겁니다.•

• 한동일 강연, '끝없는 인생의 터널에 가장 필요한 것', 세바시 1566회.

"인간은 자신에게 주어진
생의 정해진 시간을
다 살아내는 것만으로도
자기만의 유일한 한 획을
긋는 셈입니다."

Suum fatum queror.

운명은 바뀔 수 없다.

Mutari fata non possunt.
무타리   파타   논   포쑨트.

인간의 현실 앞에 놓인 수많은 모순과 장애에 대해 그리스 도교는 인간의 원죄로, 불교는 업이라는 말로 그 현상을 풀어나갑니다. 즉 현재의 행위가 이전 행위의 결과로 인해 영향을 받으며 장차 선택할 행로에도 장애가 될 수 있다는 이론입니다. 그러나 매번 같은 인과관계를 찾거나 비슷한 지점에서 할 수 없는 이유를 찾는다면 삶은 얼마나 지루한 연극에 불과할까요? 생은 끊임없이 새로운 배역과 역할을 요구하는데 계속해서 과거 어느 시점을 탓하며, 나는 부득이하게 그것을 할 수 없었고 그럴 수밖에 없었다고 설명하는 건 궁색하지 않을까요? 역으로 인간은 과거로부터 끊임없이 상처받는 그 나약함과 결점으로 인해 수많은 아름다운 배역을 가질 수 있다고 생각합니다. 그래서 묻습니다.

운명은 정말 바꿀 수 없는 것일까요?

주위에서 도움을 받고 어른에 의존해서 성장하는 인간에게는 운명과 본분이라는 것도 결국 학습으로 만들어진 것일 수 있습니다. 부모의 태도가 자식의 운명이 될 수 있는 것이지요. 이렇게 학습된 인간은 제 운명을 바꾸고 싶어하지만, 생각과 말로만 바뀌고자 할 뿐 실제로는 오랫동안 자신의 환경을 둘러싼 울타리를 뛰어넘지 못합니다. 그때 운명은 결코 바뀔 수 없습니다. 그러나 운명도 결국 태어난 이후에 이식받은 환경에 불과하다는 것을 인지한 인간에게 운명이란 장애가 아니라 기꺼이 감당하며 살아야 할 과업일 뿐입니다.

Mutari fata non possunt.

"생은 끊임없이
새로운 배역과 역할을 요구하는데
계속해서 과거 어느 시점을 탓하며,
나는 부득이하게 그것을 할 수 없었고
그럴 수밖에 없었다고
설명하는 건 궁색하지 않을까요?**"**

우리가 바라는 바를 바라기를
그만두자. 늙어서도 소년 시절에
내가 바라던 바와 똑같은 것을
바라는 일이 없도록
나는 모든 수를 다 한다.

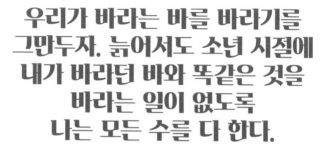

Desinamus, quod volumus,

데지나무스,　　쿼드　　볼루무스,

velle; ego certo omnia facio ne senex

벨레;　에고　체르토　옴니아　파치오　네　세넥스

eadem velim, quae puer volui.

에아뎀　　벨림,　　퀘　푸에르　볼루이.

세네카, 『루칠리우스에게 보내는 서한』, 61

'바람이란 멈출 때 끝난다'는 스토아 철학의 사고가 드러나는 문장입니다. 자연에서 부는 바람도, 인간 내면의 바람도 모두 스스로 멈출 때 끝납니다.

우리의 바람엔 다양한 차원이 있습니다. 그러나 젊었을 적 바람과 나이들어가는 시점의 바람은 달라야 한다는 것이 세네카의 생각입니다. 저는 나이들수록 지금 알고 있는 것을 그때 알았다면 더 좋았을 텐데 하는 후회와 바람을 품게 됩니다. 재만 없으면 편할 것만 같은 마음도, 마음 내키는 대로 했던 말과 행동도 이제 와서는 다 후회가 됩니다. 어린 시절 제가 마음 내키는 대로 말할 때 어머니가 좀더 강하게 알아들을 수 있도록 훈육하셨더라면 저도 약간은 바뀌지 않았을까 하는 아쉬움도 철없이 솟아납니다. 하지만 어머니가 말할 수 없었고 말하지 않았던 데에는 다 이유가 있겠지요. 자식의 부족함을 마주하면서도 부모는 침묵할 때가 있습니다. 말해봤자 소용없을 거라는 체념의 마음도 있겠지만, 이 말을 했을 때 자식에게 상처가 되지 않을까 하는 걱정도 뒤따릅니다. 그럼에도 아주 가끔은 그때 그것을 미리 알았더라면, 누군가 내게 일러주었더라면, 나이들어 치러야만 했던 혹독한 어려움이 조금은 덜하지 않았을까 돌아보게 되는 것이지요.

　이런 상념에 빠져들 때면 저는 성경에 나오는 '부자와 라자로의 비유'(루카 16, 19-31)를 묵상합니다. 그 내용은 이렇습니다.

　자주색 옷과 고운 아마포 옷을 입고 날마다 즐겁고 호화롭게 사는 어떤 부자가 있었습니다. 한편 그 부자의 집 대문 앞에는 종기투성이인 몸을 이끌고 부자의 식탁에서 떨어지는 음식찌꺼기로 배를 채우는 가난한 라자로라는 인물이 맴돌았지요. 부자도 죽고 가난한 라자로도 죽었습니다. 둘 다 죽은 뒤 눈을 떠보니, 살아 있는 동안 좋은 것들만 누렸던 부자는 저승에서 고통받고, 평생 나쁜 것들만 간신히 얻어 연명한 라자로는 하늘에서 위로받고 있었습니다. 부자는 자비를 청하며 살아 있는 자신의 형제들만이라도 자신처럼 어리석게 살다가 고통스러운 곳으로 오지 않게 해달라고 청합니다. 죽은 이들 가운데 누구라도 가서 말해야 어려운 사람을 모른 체하는 그들의 행동거지가 바뀔 것이라고 호소하지요. 하지만 성경에는 뼈아픈 말이 기록되어 있습니다. 모세와 예언자들의 말도 듣지 않는 자들이 죽은 이들 가운데서 누가 살아간들 그의 말을 듣겠느냐고 지적한 것입니다.

얼핏 보기에는 황당한 이야기 같은데 인간의 심리를 아주 정확하게 짚어낸 비유라는 생각이 들 때가 많습니다. 이 이야기를 현재 시점으로 옮기자면 현재 자신의 태도를 바꿀 수 있는 수백 수천 가지의 매개체가 있다 하더라도, 그것을 통해 변하지 않는 자는 어떤 기적적인 징표를 접한다고 해도 쉽게 변하지 않는다는 이야기로 해석할 수 있습니다. 성경은 이를 우리와 너희 사이에 큰 '구렁'이 가로놓여 있어, 여기에서 너희 쪽으로 건너가려 해도 갈 수 없고, 거기에서 우리 쪽으로 건너오려 해도 올 수 없다고 전합니다. 라틴어 성경은 '큰 구렁'을 '암흑의 공간'을 의미하는 'chaos(카오스)'라는 단어로 표현하는데요. 지금 알고 있는 것을 그때는 결코 알 수 없었다는 사실이 마치 이와 비슷하다는 생각이 들 때가 있습니다. 우리가 무슨 짓을 한다 해도, 누가 무슨 귀띔을 해준다 해도 넘어설 수 없는 삶의 구렁. 모두의 삶에는 구렁이 있습니다. 다만 그 오랜 구렁을 인지하고 응시하며 넘어서려는 사람과, 평생 모르고 살아가는 사람이 나뉠 뿐입니다.

2장

절망의 한복판에서 새기는
희망의 문장

아픔이 스토리가 되게.
Vexatio storia fiat.

벡사티오   스토리아   피아트.

아픔이 스토리가 되게.

Vexatio storia fiat.

벡사티오　　　스토리아　피아트.

인생에 아픔이 없는 사람은 없습니다. 중요한 건 자신에게 찾아온 아픔을 어떻게 해석하는가입니다. 인생에 아픔이 이유나 핑계가 되어서는 안 됩니다. 내 인생의 아픔을 원하는 것을 이루지 못한 이유, 타인에게 상처를 줄 수밖에 없는 이유, 보다 발전하지 못하고 주저앉아 있는 이유로 남겨두지 마세요. 아픔을 보호막으로 쓰지 마세요. 그러면 나를 보호한다고 뒤집어쓴 그 아픔이 실제로 내 앞길에 장애물이 되어 삶의 고통을 가중시킵니다.

나와 당신의 일상을 자랑스럽게 생각하기로 해요. 우리는 살아 있는 동안 이 광활한 우주에 어떤 무늬도 남기지 못할 작은 존재임에도, 굴하지 않고 너무나 열심히 하루하루를 살아내고 있습니다. 기특하고 갸륵하지 않은가요? 나와 당신의 일상은 이미 아름답고 거룩합니다. 다만 기쁨과 환희, 성취와 갈채만이 나의 스토리가 된다면 아름다울 수는 있지만 거룩하기는 어렵습니다. 좌절과 아픔까지도 내 것, 내 인생입니다.

아픔이 스토리가 되게 한다는 것은 특별함을 선택하는 길입니다. 내 오랜 아픔을 흔해빠진 상처로 뭉개서 술자리에서나 내 편을 들어줄 게 분명한 사람 앞에서 하소연하듯 풀

지 않고, 나를 모르는 사람들 앞에서도 내가 살아온 증거로
서 귀하고 신중하게 풀어내는 일입니다. 아픔이 스토리가 되
게 하려면 시간과 견딤이 필요합니다. 아픔이 고여 썩고 무
르면 사람을 망치지만, 아픔이 숙성되어 스토리가 되면 한
사람의 생을 증언하는 역사가 됩니다.

"기쁨과 환희, 성취와 갈채만이
나의 스토리가 된다면
아름다울 수는 있지만
거룩하기는 어렵습니다.
좌절과 아픔까지도
내 것, 내 인생입니다."

Vexat io storia fiat.

아파도
살아 있는 한 희망은 있다.

Aegroto dum anima est,
애그로토　　　둠　　　아니마　　에스트,

spes esse dicitur.
스페스　　에쎄　　디치투르.

키케로, 『아티쿠스에게 보낸 서한Epistulae ad Atticum』, IX, 10, 4

살아 있는 한 희망은 있다.

Dum vita est, spes est.

둠 비타 에스트, 스페스 에스트.

세상에 널리 알려져 있는 이 문장에는 사실 숨어 있는 말이 있었습니다. 바로 '아파도'라는 단어입니다. 키케로의 원문을 후대 사람들이 축약하여 사용한 것인데, 세간에는 이 줄인 문장이 더 유명해졌습니다.

삶이란 내가 원하지 않았지만 물려받은 것들을 잘 감당하고 해결해나가는 과정입니다. 나의 소원이나 잘못으로 얻은 것이 아닐지라도, 분명 내 몫으로 책임져야 할 인생의 짐들을 잘 간수해야겠다고 생각합니다. 그 과정에서 막 살지 말고 쉬운 선택을 하지 않기로 결심합니다. 삶이 어려울수록 우리는 대충 살며 쉬운 선택을 하고 싶은 욕망에 빠집니다. 그런 순간들마다 저는 스스로에게 일러둡니다. 그래도 너는 포기하지 않고 살아 있고, 살아가려 한다고. 아무리 아파도 살아 있는 동안 희망은 있다고.

모든 고통은 시간에 의해
가벼워지고 옅어질 것입니다.

Omnes dolores tempore
옴네스   돌로레스   템포레

lenientur et mitigabuntur.
레니엔투르   에트   미티가분투르.

인생은 고통입니다.

"우리는 울며 태어나서, 고생하며 살다가 슬픔 속에 죽는다 *Nascimur in mærore, vivimus in labore, morimur in dolore*; 나쉬무르 인 매로레, 비비무스 인 라보레, 모리무르 인 돌로레"라는 말은 인생의 요약본 그 자체입니다. 때론 절규하듯 "이 고통을 내게서 제거해주든지 적어도 덜어내기라도 해다오 *Eripe mihi hunc dolorem, aut minue saltem*; 에리페 미기 훈크 돌로렘, 아우트 미누에 살템"(키케로, 『아티쿠스에게 보내는 서한』, 8, 12, 5)라고 외치고 싶어집니다.

너무나 힘들고 고통스러웠던 어린 시절, 저는 밤에 아무도 없는 산에 올라가 절규하듯 "하느님, 이 세상에 저를 내셨으면 책임을 지셔야지요!"라고 외쳤던 적이 참 많습니다. 나이든 지금도 침묵 속에서 남몰래 외치고 있지요.

그래도 이런 가운데 저를 위로해준 것이 있습니다. 그것은 바로 시간입니다. 저는 시간의 의미를 깨닫고 믿기 시작했습니다. 인간 세상에서 해결될 기미가 보이지 않는 그 어떤 가혹한 고통도 결국엔 시간이 데려갑니다. 시간 속에서 우리의 고통은 가벼워지고 옅어질 것입니다.

그러므로 내일을 걱정하지 마라.
내일 걱정은 내일이 할 것이다.
그날 고생은 그날로 충분하다.

Nolite ergo solliciti esse in crastinum;
놀리테   에르고   솔리치티   에쎄   인   크라스티눔;

crastinus enim dies sollicitus erit
크라스티누스   에님   디에스   솔리치투스   에리트

sibi ipsi: sufficit diei malitia sua.
시비   입시: 수피치트   디에이   말리티아   수아.

마태 6, 34

우리는 당장 해야 할 공부나 일을 뒤로 미루고, 훗날의 걱정과 고민은 당겨서 미리 하길 좋아합니다. 이것을 뒤집을 수만 있다면 우리 삶이 얼마나 달라질까요? 인간이 하루에 느끼고 감내할 수 있는 절망과 고통을 계량화할 수 있다면, 그날 딱 하루치만의 고통과 절망을 느끼고 감당한다면 좋겠습니다. 내일 다가올 수도 있고 피해갈지도 모를 고통과 절망에 미리 주눅들지 않았으면 좋겠습니다.

고단한 하루하루의 가장 큰 성공은 죽지 않고 살아 있기로 선택한 것이라 생각합니다. 살아 있는 사람만이, 살아갈 사람만이 오늘과 내일을 말할 수 있기 때문입니다.

희망을 가질 것이
아무것도 없는 사람은
절망할 것도 없다.

Qui nil potest sperare,
퀴　닐　포테스트　　스페라레,

desperet nihil.
데스페레트　　니힐.

세네카, 『세네카의 대화Medea』, 163

희망을 가질 것이 아무것도 없는 사람은 절망할 것도 없다는 말은 언뜻 아무것도 가진 게 없는 이의 허탈하고 무력한 상태를 묘사하는 말처럼 들립니다. 그러나 저는 이 문장을 다르게 읽습니다. 문장의 뒷부분에 방점을 두면 절망은 이 사람에게 없는 것입니다. 절망이 없기에 다시 희망 쪽으로 움직일 수도 있습니다. 희망이 없어서 절망할 권리마저도 빼앗겼다면 차라리 다시 희망을 선택하겠습니다. 살아 있는 한 나는 계속해서 무언가를 향해 나아가야 합니다. 그리고 그 무엇을 향해 나아갈 방향을 인지하는 것이 희망의 시작입니다.

우리를 위해 기도해주소서.

Pete pro nobis

페테   프로   노비스.

사랑하는 이를 위해 아무것도 해줄 수 없을 때만큼 인간이 무기력함을 느끼는 때도 없을 것입니다. 그러나 우리는 그 무력함 속에서도 계속 사랑하고자 합니다. 내가 한 사람을 위해 아무것도 해줄 수 없음에도 세상의 누구라도 붙들어, 혹은 세상 너머에 있을 신을 향하여 내가 사랑하는 이에게 지금 필요한 것을 가져다달라 엎드리고 싶습니다.

사랑하는 이를 위해 아무것도 할 수 없을 때 인간은 기도하게 됩니다.

사랑이란 곧 한 사람을 향한 간절한 기도입니다.

인간의 비참함

Hominum miseria
호미눔　　　미제리아

인간의 위대함은 자신의 비참함을 아는 데 있는지도 모릅니다.* 그러나 비참하고 서툴고 조급한 인간이 포기하지 않고 수많은 고민과 성찰을 통해 변하고자 하는 몸짓을 보일 때 인간의 비참함은 더이상 비참한 것이 아니게 됩니다. 우리는 이걸 깨달음 또는 각성의 순간이라고 말합니다. 깨달음은 일회성의 순간에 영원을 가두는 것입니다. 찰나의 깨우침으로 인생을 영영 돌려놓는 것입니다.

자책과 탄식 속에 진보와 성장이 있다면 모르겠지만, 대부분 자책은 스스로를 더 작고 보잘것없고 비참하게 만들 뿐이었습니다. 가장 비참한 날에 우리가 고를 수 있는 가장 현명한 선택지는 내가 스스로의 위로자가 되는 길입니다. 그래야만 우리는 내 아픔과 비참으로 타자를 이해하고 헤아리는 위로자가 될 수 있습니다.

• 블레즈 파스칼, 『팡세』, 현미애 옮김, 을유문화사, 2013, 56쪽 참조.

아, 사람을 사람답게 사랑할 줄 모르는 미치광이여! 아, 덧없는 인간사에 절도 없이 안달하는 어리석은 인간이여!

O dementiam nescientem

오　　데멘티암　　　　네쉬엔템

diligere homines humaniter!

딜리제레　　호미네스　　후마니테르!

O stultum hominem immoderate

오　스툴툼　　　호미넴　　　임모데라테

humana patientem!

후마나　　　파티엔템!

아우구스티누스, 『고백록』, 4, 7, 12

아우구스티누스는 기댈 곳 없는 날의 미칠 듯한 고통을 다음과 같이 기록했습니다.

애간장을 태우고 한숨을 쉬고 울고 불며 흐트러졌습니다. 어디서도 안식을 얻지 못했으니 경치 좋은 숲속에서도, 놀이와 노래에서도, 달콤한 향기가 풍기는 자리에서도, 푸짐한 잔치에서도, 침실과 침상의 쾌락 속에서도, 심지어는 서책과 시가에서도 안식할 자리를 찾지 못했습니다.
(아우구스티누스, 『고백록』, 4, 7, 12)

아우구스티누스는 이런 절망의 날에 해야 할 일에 대해 다음과 같이 단호하게 말합니다.

그 어떤 사람에게도 물어보지 마십시오. 자기 마음으로 돌아가면 됩니다.
Nemo interroget hominem; redeat unusquisque ad cor suum.
네모 인테르로제트 호미넴; 레데아트 우누스퀴스퀘 아드 코르 수움.
(아우구스티누스, 『요한 서간 강해』, 다섯째 강해 10)

자기 자신을 피해 도망갈 곳이 어디에도 없는 인간.

휘청거리다 술에도, 자연에도 기대어보지만 그것은 모두 스스로의 마음을 피해 도망가는 꼴이나 마찬가지입니다. 아우구스티누스의 고백은 결국 인간은 자기 자신과 직면해야 함을 역설합니다.

바깥으로 나가 방황하지 마라. 진리는 사람의 내면 깊은 곳에 머무르기 때문이다.

Noli foras ire; in interiore homine habitat veritas.

놀리 포라스 이레: 인 인테리오레 호미네 하비타트 베리타스.

(아우렐리우스 아우구스티누스, 『참 종교에 대하여De Vera Religione』, 39, 72)

"그 어떤 사람에게도
물어보지 마십시오.
자기 마음으로 돌아가면 됩니다."

*Nemo interroget hominem; redeat
unusquisque ad cor suum.*

아무런 고통 없이
위업을 성취한 인물은
한 사람도 없습니다.

Quisquam perfecit magnum
퀴스쾀　　　　　페르페치트　　　마늄

sine nullo dolore.
시네　　　눌로　　　돌로레.

불교에서는 인간이 살아가면서 감당해야 할 '고苦'를 크게 세 가지로 나눕니다. 누구나 느끼는 생로병사의 고통, 원인이 있으면 마땅히 그 결과가 따른다는 인과의 법칙으로 인한 고통, 그리고 '나'라는 실체에 집착하여 발생하는 고통입니다. 불교에서 말하는 '고'의 가르침처럼 인간은 살아가면서 고통과 아픔을 겪을 수밖에 없습니다.

여기서 잠깐 이런 생각을 해봅니다. 고통이란 것도 내 의사와 상관없이 외부에서 밀려오는 고통과 내 선택에 따르는 고통이 있겠다는 생각 말이지요. 사실 대부분 사람들은 내 의사와 상관없이 외부에서 밀려오는 고통으로 힘들어하며 살아갑니다. 그런데 내 선택으로 인한 고통 앞에서 사람들은 고통 그 자체에 자책까지 보태 더더욱 괴로워합니다. 하지만 산다는 것은 곧 선택의 연속이고, 선택에는 고통이 따르게 마련입니다. 인생이 고통의 바다라면, 내 의지와 상관없이 마주하는 고통보다 내 선택으로 인한 고통을 책임지는 게 차라리 낫지 않을까요? 나 자신을 미워하고 부정하는 고통보다 더 큰 고통은 없습니다.

위로와 도움을 갈구하는 고통은 어디에나 있기 마련입니다. 외로움은 어디에나 있습니다.

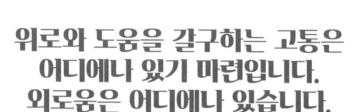

Semper dolor aderit in eo qui
셈페르　　돌로르　　아데리트　인 에오　퀴

solacio indiget et auxilio.
솔라치오　　인디제트　　에트　아욱실리오.

Semper aderit solitudo.
셈페르　　　아데리트　　솔리투도.

베네딕토 16세, 『하느님은 사랑이십니다Deus Caritas Est』, II, §28b

타인이 내게 고통을 주는 경우도 있지만, 많은 순간 우리는 스스로에게 생채기를 냅니다. 스스로 수없이 쌓았다 부수기를 반복하는 섭섭함과 그로부터 파생되는 미움이 우리를 계속해서 실망하게 합니다.

인간은 난생처음 나 홀로 겪는 것만 같은 고통 속에서 신음합니다. 이것이 인간의 내면에서 평생 벌어지는 싸움입니다. 이 싸움에서 나는 필사적으로 내 편을 만들려 하고, 내 편을 들어주는 사람이나 환경이 없으면 그것을 외로움, 또는 소외라 여깁니다. 결국 우리는 어떤 상황에서든 쉽사리 내 손 놓지 않을 편 하나 만들려고 그토록 몸부림치고 이해를 갈구하며 살아가는지도 모릅니다.

인간, 다른 인간에게 손을 내밀 수밖에 없는 존재.

처음 살아가는 인간이 처음 살게 될 인간에게 손 내밀고 그 손 꼭 붙들어 살아가는 것이 인생의 본령인지도 모르겠습니다.

당신의 편은 누구입니까?

아니 그 전에 당신은 살아가면서 몇 사람의 편이 되어주었습니까?

낫고 싶다는 마음도
치유의 일부에 해당한다.

Pars sanitatis velle sanari est.

파르스　　　사니타티스　　　벨레　　　사나리　　　에스트.

세네카

저의 청소년 시절을 돌이켜보면, 스스로 원하는 것이 무엇인지 깨닫고 그것을 전달할 줄 몰라서, 부모님과 냉전을 벌이거나 골을 부린 적이 많았습니다. 알 수 없는 답답함이 밀려오면 숨이 턱까지 차오를 만큼 전력으로 뛰었습니다. 그러고 나서 책상 앞으로 돌아오면 처음 떠오르는 생각들을 짧게 몇 단어로 적어두었습니다. 그 단어들을 보면 지금 현재 나의 관심사와 감정을 엿볼 수 있었습니다. 거기서 한 발짝 더 들어가 자세히 들여다보면 나의 진짜 모습이 보였습니다. 아프거나 아쉬운 감정들, 나의 무능과 부모님에 대한 한숨 등 다양한 감정들이 올라왔습니다. 이러한 감정들은 싸우거나 타인(부모님)에게 골을 부릴 대상이 아니라 돌보아야 할 대상이었습니다.

'오늘 그대가 먹은 음식이 내일의 그대가 된다'는 말처럼, 오늘 그대가 돌본 마음이 내일의 그대가 될 것입니다. 그 시작은 낫고 싶다는 마음, 더 나아지고 싶다는 생각에서 비롯됩니다.

상처를 준 사람이
사랑의 상처를 치료한다.

Amoris vulnus idem sanat,
아모리스　　　불누스　　　이뎀　　　사나트,

qui facit.
퀴　　파치트.

푸블리리우스 시루스, 『세네카의 격언Proverbia Senecae』 R. 360

인간은 저마다 상처 입은 치유자입니다. 누구나 인생살이에서 상처받지만, 그런 상처받은 인간이 다시 타인의 상처를 보듬어주려 하는 데 인간의 위대함이 있습니다. 그때 **인간은 인간에게 신이 됩니다***Homo homini Deus est*; 호모 호미니 데우스 에스트.

세월이 약이다.

Dies tempusque lenit iras.
디에스   템푸스퀘   레니트 이라스.

티투스 리비우스, 『로마사 Ab Urbe Condita Libri』, 2, 45

이 문장을 말 그대로 옮기면 "날과 시간이 분노를 가라앉힌다"는 뜻입니다. 영원한 것은 없습니다. 아픔도, 기쁨도, 영광도—감각은 의지를 스쳐지나갑니다. 기억도 그렇게 스쳐지나갑니다. 그리하여 우리는 간신히 살아갈 수 있습니다.

겨울나무

Arbores hibernales

아르보레스   히베르날레스

가을이 오고 겨울이 오면 산에 있는 나무들이 나뭇잎을 떨굽니다. 산은 그제야 자신의 모든 것을 있는 그대로 드러내며 능선과 골짜기를 또렷하게 보여줍니다. 겨울은 나무를 가장 정확히 볼 수 있는 계절입니다. 풍성한 녹음도 화려한 단풍도 모두 진 나무의 가장 적나라한 모습, 계절이 바뀌어도 변치 않는 나무 그대로의 모습을요. 우리도 우리가 약해졌을 때 겨울나무와 같이 있는 그대로의 가장 정확한 우리의 모습을 보게 됩니다.

3장

그럼에도 끝내
꿈꾸는 자가 품은 문장

그대가 사랑해야 할 것을 선택하십시오.
Elige tibi quid diligas.
엘리제　티비　퀴드　딜리가스.

하늘에서 가장 멀리 있고
땅에서 제일 가까운 별

Stélla última a cælo, cítima terris
스텔라　　울티마　아 카일로,　치티마　테리스

힘들이지 않고 무언가를 얻은 사람들을 볼 때 인간은 상대적 박탈감을 느낍니다. 이러한 상황이 인간으로 하여금 태곳적부터 하늘을 바라보게 했는지도 모릅니다. 즉 현실로부터 상대적 박탈을 느끼는 인간이 고개 들어 하늘을 올려다보며 신들의 이야기와 우주, 빛과 시공간의 운동 등에 몰두함으로써 또다른 신화를 땅 위에 써내려간 것이 아닌가 저는 상상해봅니다.

우리는 신이 아니기에 사는 동안 이 땅에 속박되어 불평등과 억울함을 견디며 살아야 할 것입니다. 그러나 고개를 들어 신의 나라를, 정의로운 유토피아를 바라보고 꿈꿀 수는 있습니다. 이 땅에서의 삶이 힘겨울 때마다 저는 "하늘에서 가장 멀리 있고 땅에서 제일 가까운 별"이라는 라틴어 문장을 떠올리곤 했습니다. 여기서 말하는 별은 바로 당신과 나, 인간을 은유한 것이 아닐까요?

삶의 질은 명사가 아니라
형용사가 가른다.

Qualitas vitae non nomina
콸리타스　　비태　　논　　노미나

sed adiectiva dividit.
세드　　아디엑티바　　디비디트.

식물은 끊임없이 스스로 꽃이나 잎, 가지를 떨어뜨리며 성장합니다. 가을이 지나 겨울이 올 때 나무는 가지에 달린 모든 것을 떨어내고 세찬 바람에 자신을 내맡깁니다. 나무가 겨울을 맞을 때 그러하듯, 우리도 살아가면서 스스로 비워내고 덜어내야 할 것들이 있습니다. 마음의 단식과 금욕이 현대를 살아가는 우리에게 더 절실히 요구됩니다.

저는 인생은 명사가 아니라 형용사를 어떻게 쓰느냐에 달려 있다고 생각합니다. 가령 '삶'은 명사 자체로 있을 때는 그냥 삶입니다. 그러나 여기에 어떠한 형용사가 붙느냐에 따라 그 삶은 '행복한 삶'일 수도 있고 '불행한 삶'이 될 수도 있습니다. 삶의 질은 명사가 아니라 형용사가 가릅니다. 우리가 가진 사물, 사람들의 주체를 늘려가려 하기보다, 그러니까 더 많은 명사를 부리며 사는 것보다 내가 이미 가진 명사들에 어떤 형용사를 붙일지 고민하는 인생을 꾸려가고 싶습니다. 인간은 저마다 좀더 풍요로운 형용사를 가꾸기 위해 매일을 분투하는지도 모릅니다.

사이에 있다.

Intersum.

인테르숨.

대한민국은 신들이 사는 세상 같습니다. 공부의 신, 직장의 신, 운동의 신. 도처에 신들이 군림하는 이 나라에서 평범한 인간들은 어디에 발붙이고 서 있어야 하는 걸까요?

'인테르숨intersum'이란 a와 b의 '사이에 있다' '구별이 있다'는 뜻의 단어입니다. 'inter'는 '중간에, 가운데에, 무엇 사이에'라는 뜻의 접두사인데요. 시간이 흘러 이 단어는 오늘날의 영단어 'interest'로 변형되어 우리가 알고 있는 '관심' '흥미' '중대사'라는 개념이 만들어집니다.

사실 재미있고 중요한 일들은 틈과 사이에서 일어납니다. 천재가 아닌 보통 사람들이 현실과 가장 밀착해 있는 혁신적인 아이디어를 내는 경우도 비일비재합니다. 절대적이고 신적인 경지에 이르지 못했다 해서 역사와 흐름을 바꿀 수 없는 건 아닙니다. 역사와 역사 사이, 사람과 사람 사이, 무엇보다 어제의 나와 오늘의 나 사이에 어떤 일이 벌어졌고, 벌어지고 있는지 세심하게 관찰해야 합니다.

대부분의 우리는 사이에서 숨쉬고, 사이에서 꿈꾸는 사람들입니다.

만일 신이 나를
이 나이에서 다시 소년으로
돌아가게 해준다 하더라도,
나는 한사코 거절하리라.

Si quis deus mihi largiatur
시　　퀴스　　데우스　　미기　　라르지아투르

ut ex hac aetate repuerascam,
우트 엑스　　학　　애타테　　레푸에라스캄,

valde recusem.
발데　　레쿠젬.

키케로, 『노년에 대하여』, 83

흔히 청춘을 봄에 비유합니다. 하지만 저는 젊은 시절 혹독한 겨울을 맞아서 이제 제 생에 남은 봄과 여름을 누릴 예정이라 생각하며 삽니다.

이르게 핀 꽃은 먼저 진다는 말이 있지요. 하지만 아닙니다. 모든 꽃은 필 때 피고 질 때 지는 것일 뿐, 단지 그 장면을 바라본 누군가의 시야와 시점에 따라 먼저와 나중이 갈리는 것일 뿐.

그러므로 저는 "만일 신이 나를 이 나이에서 다시 소년으로 돌아가게 해준다 하더라도, 한사코 거절"하겠습니다. 지금의 시간이 이미 내겐 소년기이자 봄이기 때문입니다.

모든 것은 자기 시야와 생각의 범주에서 시작됩니다. 물리적 시간과 나이로 스스로에게 제한을 두고 한정짓지 않았으면 좋겠습니다. 몸은 바로 오늘 해야 할 일과 시간에 붙들려 있더라도, 머리는 저 먼 미래를 향해 치켜들길 바랍니다. 이것은 저 스스로에게 하는 말이기도 합니다.

그대가 사랑해야 할 것을 선택하십시오.

Elige tibi quid diligas.
엘리제　티비　퀴드　딜리가스.

아우구스티누스, 『요한 서간 강해』, 열째 강해 3

어떤 과정에서 이루어진 것이든 그 선택은 나의 최선이었습니다. 하지만 선택 이후의 결과는 최선이 아닐 때가 많았습니다. 그때 제게는 진정한 최선이 되기에 부족했던 점이 있었습니다. 나의 선택에는 미성숙함과 조급함, 결핍이 함께했습니다. 물론 그 당시엔 그 선택이 부족하고 불안한 내가 내릴 수 있는 최선의 결정이었습니다.

이제는 당시의 상황과 불안에 휩싸인 내 기준의 최선이 아니라 인생 단위에서의 최선을 이루기 위해서는 무엇이 필요한지를 생각합니다.

그대가 사랑해야 할 것을 선택하십시오. 그러기 위해 우리는 공부하는 것입니다. 그 사랑과 공부에 이르기 위해서는 혼자 견디는 태도인 고독, '솔리투도Solitudo'의 시간이 필요합니다. 저는 오랫동안 그 고독을 마주하기 두려워했고 피해 왔습니다. 하지만 피해 다닌 꼭 그만큼 나의 성숙과 성장도 멈추었지요. 그래서 내 딴에는 최선이었지만 최고의 선택이 되지는 못했던 순간들이 많았습니다.

저는 이제 솔리투도의 시간을 살아가고 있습니다. 여러 사정과 상황에 내몰려 겁에 질린 내가 아니라 한 인간으로서 담대하게 인생을 경영하는 내가 내릴 수 있는 최선의 선

택이 무엇인지 다시금 배워갑니다. 고독하지 않고 고요하지
않으면 들리지 않고 결코 발견할 수도 없는 내 안의 진실이
차츰 드러나고 있습니다.

"그 사랑과 공부에 이르기 위해서는
혼자 견디는 태도인 고독,
'솔리투도 Solitudo'의 시간이 필요합니다.**"**

Elige tibi quid diligas.

영원히 살 것처럼 꿈꾸고
내일 죽을 것처럼 살아라!

Sic habeas somnium,
시크   하베아스   솜니움,

ut vivas in sempiternum.
우트   비바스   인   셈피테르눔.

Sic enim vivas, ut cras moriaris!
시크   에님   비바스,   우트 크라스   모리아리스!

성염 교수의 홈페이지에서

정확히 똑같은 걸음걸이가 없듯 똑같은 발자국도 없습니다. 우리는 한 발엔 죽음, 한 발엔 삶을 얹고, 때론 휘청거리며 때론 우직하게 힘을 주며 인생을 걸어갑니다.

이것이 '산다'는 것입니다.

이 세상에 우연히 내던져진 존재인 나는 내 육신에 올라타 웃고 울고 기뻐하고 슬퍼하고 때론 아무 감정 없이 그냥 멍하니 있기도 합니다. 때로는 선물처럼 다가온 사랑 때문에 아파하며 그리워하고 설레기도 합니다.

이것이 바로 그럼에도 불구하고 끝내 '살아간다'는 것입니다.

그러므로 오늘도 내일도 그 다음날도 계속해서 내 길을 가야 합니다.

Verumtamen oportet me hodie et cras et sequenti ambulare.

베룸타멘 오포르테트 메 호디에 에트 크라스 에트 세퀜티 암불라레.

(루카 4, 2)

사막의 이정표는
목마름입니다.

Lapis desertorum sitis est.
라피스   데제르토룸   시티스 에스트.

사막에서 길을 찾을 땐 어떻게 해야 할까요? 지도를 보고 최
단 거리를 찾아야 할까요? 아닙니다. 사막에서는 쏟아지는
모래 위에 길을 내려 하면 안 됩니다. 사막에서는 물에서 물,
오아시스에서 오아시스까지가 길이 됩니다.

사막의 이정표는 인간의 목마름입니다. 각자 어떤 물을
찾느냐에 따라 길이 달라질 것입니다. 어느 오아시스를 찾아
가느냐에 따라 각자의 길은 달라질 것입니다. 광활한 사막
에서 길을 찾을 때 모래폭풍 속에 이리저리 발자국을 덧대
는 것만으로는 목표점을 향해 갈 수 없는 것처럼, 나의 목마
름에만 집중하며 물을 찾아 걸어야 합니다. 당신의 그 절실
하고 애타는 목마름이 지친 당신을 사막에서 오아시스로 인
도할 것입니다.

인생을 좌우하는 것은 지혜라기보다는 차라리 운이라고 하겠다.

Vitam regit fortuna,
비탐　　　레지트　　　포르투나,

non sapientia.
논　　　사피엔티아.

모든 것은 다 '운'이었습니다. 다만 나는 그 운이 오기를 기다리며 준비할 뿐이었습니다. 인간은 행운이 찾아오도록 준비하고 노력하는 존재입니다.

운을 준비하는 존재인 인간.

운을 자기 것으로 만들기 위해 끈질기게 노력하는 사람에게 운은 어느 순간 선물처럼 찾아옵니다.

목수는 목수의 일을 함으로써
목수가 된다.

Faber fabricando fit faber.

파베르　　　　파브리칸도　　　피트　파베르.

라틴 격언

"세상에서 가장 오르기 힘든 산은 지금 내가 오르고 있는 산이다"라는 말이 있듯, 사람마다 당면하고 있는 거대한 산이 있습니다. 산 앞에 선 인간은 그 산을 오르기 위해 해야 할 일을 해나감으로써 바로 그것이 되어갑니다. 일을 할 때 제가 새기는 문장을 하나 더 소개합니다.

나는 나를 일에 매이게 하는 것이 아니라 일이 나에게 매이게 힘씁니다.

Mihi res, non me rebus, subiungere conor.

미기 레스, 논 메 레부스, 수비운제레 코노르.

(호라티우스, 『마에케나스에게 보내는 서한In Epustula ad Maecenatem』,
I, 1, 19)

이루어진 것에는 못다 한 일이 남아 있을 수 없다.

Quod factum est,
쿼드　　　팍툼　　　에스트,

infectum manere impossibile est.
인펙툼　　　　마네레　　　임포씨빌레　　　에스트.

『신칙법Novellae』, 97 c. 1

세상 사람들은 매일의 뻔한 일을 성실하게 수행하는 사람과 그렇지 않은 사람으로 나뉠지도 모릅니다. 뻔한 것을 뻔하다고 말하는 사람이 있는가 하면, 뻔한 것을 묵묵히 매일 수행하는 사람이 있지요. 중요한 것은 뻔한 것을 뻔하다고 말하는 사람이 대단한 게 아니라, 그걸 끝내 해내는 사람이 대단하다는 점입니다. 뻔한 것을 매일 하는 사람이 무엇인가를 이루었다면, 못다 한 아쉬운 일이 남아 있을 수 없습니다. 매일 해온 뻔한 일, 그 안에 무엇이든 이루는 힘이 있습니다.

불같을 필요가 있습니다.
먼저 가까운 데서 붙어
점점 멀리 번져나가는 불 말입니다.

Necesse est sicut ignis,
네체쎄　　에스트　시쿠트　　이니스,

prius occupet proxima,
프리우스　　오쿠페트　　프록시마,

et sic se in longinquiora distendat.
에트 시크　세　인　　론긴퀴오라　　디스텐다트.

아우구스티누스, 『요한 서간 강해』, 여덟째 강해 4

우리의 일상은 때론 물과 같고 때론 불과 같습니다. 물이 끓기 위해서는 여러 조건이 충족되어야 합니다. 마찬가지로 어떤 성취에 도달하기 위해서는 우리의 삶도 끓는점에 이르러야 합니다. 어떤 조건에 도달하면 물이 끓지만, 사실 대다수 사람은 내면의 물이 끓어오르는 것을 평생 경험하지 못하는 경우가 훨씬 더 많습니다. 그래서 세상의 위로와 충고들도 그렇고 그런 뻔한 이야기로 들릴 때가 많습니다.

"우리는 때로 불같을 필요가 있습니다. 먼저 가까운 데서 붙어 점점 멀리 번져나가는 불 말입니다." 그리고 그것은 아마도 "**당신이 불필요한 일에 너무 큰 열성을 들이는 그 결점***Vitium, quod tu nimis magnum stúdium in rem non necessáriam confers; 비티움, 퀴드 투 니미스 마늄 스투디움 인 렘 논 네체싸리암 콘페르스*"을 찾는 데서부터 시작될 것입니다.

의지란 무언가를 이성에 따라 열망하는 것이다.

Voluntas est quae quid cum
볼룬타스   에스트   퀘   퀴드   쿰

ratione desiderat.
라티오네   데시데라트.

키케로, 『투스쿨라나 담론Tusculanae Disputationes』, 6, 12

시간은 우리에게 삶은 남 보라고 전시하기 위한 게 아니라 고통도 기쁨도 잘 담아내기 위한 것이라고 끊임없이 각인시킵니다. 하지만 삶이라는 그릇은 종종 금이 가거나 깨져버려 잘 담아낼 수 없습니다. 기다려주지 않는 야속한 시간 앞에서 금 가고 깨져버린 삶의 그릇은 가뜩이나 조급한 마음을 더 초조하게 만듭니다. 어렵게 담아낸 것들도 속수무책으로 흩어져 사라져버릴 때 '이 세상에 내 자리는 없다'는 생각이 듭니다.

이건 사람 사는 게 아닙니다.

Hoc non est vivere.

호크 논 에스트 비베레.

때로는 명문이 아니라 선인들의 탄식이 위로를 건넬 때가 있습니다. 우리보다 앞선 시간을 살아갔던 그들도 우리와 크게 다르지 않았다는 사실이 마음을 달래줍니다.

그러나 이렇게 위로받는 데서 그쳐서는 안 됩니다. 시공간을 거슬러 모든 사람과 사물로부터 위로받되, 냉철한 머리와 굳건한 다리로 스스로 일어서야만 합니다. 금 가고 깨진

부분은 남의 위로로 메워지지 않습니다. 더 나은 삶으로 움직여 가겠다는 스스로의 열망과 의지만이 결국 나 자신을 더 좋은 곳으로 데려다줄 것입니다.

4장

더는 이렇게 살면 안 된다고
나를 흔들어 깨운
새벽의 문장

그러나 너희는 그래서는 안 된다.

Vos autem non sic.

보스   아우템   논   시크.

나는 한 생을 산 것을 후회하지 않는다. 나는 내가 태어난 것이 무익하지 않다고 여겨지도록 살아왔다.

Non me vixisse pænitet,
논 메 빅시쎄 패니테트,

quoniam ita vixi ut non frustra me
쿼니암 이타 빅시 우트 논 프루스트라 메

natum esse existimem.
나툼 에쎄 엑시스티멤.

키케로, 『노년에 대하여』, 23

당신은 이 생에서 무엇을 남기고 싶은가요?

누군가 제게 이렇게 묻는다면, 저는 이 생에서 무엇을 남기기보다 남기고 싶지 않은 것이 있다고 답하겠습니다. 그것은 바로 후회입니다. 저는 이 생에서 후회를 남기고 싶지 않습니다.

"그럼 당신은 후회할 일이 없다는 얘기인가요?"라고 묻는다면, 그 반대이기 때문이라고 답할 것입니다.

그러나 너희는
그래서는 안 된다.

Vos autem non sic.
보스　　아우템　　논　시크.

_____

루카 22, 26

이 세상을 뭐라고 말할 수 있을까요? 마치 목자 없는 양떼와 같다고 할까요? 나라가 국민을 걱정하는 것이 아니라 국민이 나라를 걱정하고, 교회가 신도들을 걱정하는 것이 아니라 신도가 교회를 걱정합니다. 나보다 더 나를 잘 아는 듯한 사람들이 불쑥불쑥 나타나 나 자신도 안 하는 걱정을 대신 해줄 때도 있습니다. 이러한 걱정이 어느 선을 넘어서면 무관심이 되고 때로는 혐오가 됩니다. 하지만 당신은 그래서는 안 됩니다. 우리는 그래서는 안 됩니다. 무관심과 혐오는 나자신과 세상을 차갑게 얼려버리는 독이기 때문입니다.

무료함은
많은 악행을 가르칩니다.

Multam malitĭam docuit otiositas.

물탐   말리티암   도쿠이트   오티오시타스.

인간은 언제 무료함을 느낄까요? 흔히 같은 일을 반복할 때 무료하다고 표현하지만, 저는 완전히 똑같은 일을 거듭할 때는 몰두의 즐거움이 있다고 생각합니다. 똑같은 일을 반복하면 명료함과 전문성이 생기지요. 무료함과 지겨움은 똑같은 일이 아니라 엇비슷한 일을 반복할 때 찾아옵니다. 엇비슷한 일들을 반복해야 할 때 정확히 같지도 않고 완전히 새롭지도 않은 애매함 속에서 마음은 불안해지고 세상만사가 다 똑같아 보입니다. 깊은 절망보다 사람을 망치는 것은 이 세상과 이 삶을 지겹게 여기는 무료함입니다. 모든 것을 엇비슷하고 가치 없게 여기며 그 어떤 것도 사랑하지도, 집중하지도 못하는 짜증과 지겨움입니다.

아무것도 정의하지 마라.

Non debemus definitiones.
논   데베무스   데피니티오네스.

로마의 법학자들은 어떤 사태나 사실을 한마디로 정의하며 일침을 놓는 것을 경계했습니다. 그들은 오히려 추후 생활의 필요에 의해 응용되는 데 방해가 될 수 있는 단선적인 정의를 피하고자 하였습니다. 로마법 학자들이 정의를 내릴 줄 몰라서 그랬던 것은 아닙니다. 법학자 야볼레누스는 "**시민법에 있어서 모든 정의는 위험하다. 그 이유는 대개 뒤집어엎을 수 없기 때문이다**Omnis definitio in iure civili periculosa est, parum est enim ut non subverti possit; 옴니스 데피니티오 인 유레 치빌리 페리쿨로사 에스트, 파룸 에스트 에님 우트 논 숩베르티 포씨트"라고 말했습니다(『학설휘찬』, 50, 17, 202). 이처럼 로마법 학자들이 정의 내리는 일을 극히 조심스러워했던 것은 정의하는 순간 정의 안에 포함되지 않을 것들에 대한 염려 때문이었습니다. 정의한다는 것은 말의 울타리를 둘러 경계 짓는다는 것이고, 경계 밖의 것들은 배제한다는 뜻이기 때문입니다. 그 어떤 사안에도 예외와 변수는 발생합니다. 무리 짓고 경계 지을 때는 이 예외와 변수를 두려워해야 합니다.

내가 울타리와 경계를 칠 때 그 경계 안으로 들어오지 못하고 밖으로 밀려난 사람들은 과연 누구인가. 나의 울타리와 경계가 단단하고 드높을수록 고민해봐야 할 점입니다.

자선 행위를 하기 위해서 비참한 사람이 존재하기를 바라서는 안 됩니다.

Non enim optare debemus esse
논 에님 옵타레 데베무스 에쎄

miseros, ut possimus exercere
미세로스, 우트 포씨무스 엑체르체레

opera misericordiæ.
오페라 미세리코르디애.

18세기 인권의 발전은 당대 사람들이 남의 글을 읽음으로써 타인의 생각을 통해 그의 기쁨과 고통 속으로 들어가면서 시작되었습니다. 인간은 타인의 마음속으로 들어갈 때 제 안에 이미 단단히 뿌리내리고 있던 굳은 신념도 바꿀 수 있습니다. 이를 촉진한 대표적인 문학 장르가 소설이었습니다. 소설은 독자를 타인과 동일시하게 하고 공감하게 만들어준 훌륭한 매개였습니다. 소설은 인식하지 못하던 계층의 괴로움과 고통을 광범위한 독자들이 공감하게 함으로써 정책과 제도의 변화를 불러왔습니다. 공감이 타인의 기쁨과 고통을 함께하는 것이라면, 공감은 '너에게로 가는 길'이며, 이를 다른 시점으로 바꾸면 '너를 받아들이는 법'입니다.

소설이 타인의 마음과 영혼을 이해하는 행위라면 자선은 직접적으로 타인의 어려운 환경을 바꿔내고자 하는 개인적 차원의 혁명입니다. 세상이 바뀌지 않는다면 내 도움이 가닿을 수 있는 곳만이라도 작은 힘이나마 보태고자 하는 것입니다. 자선의 아름다움은 지금 타인과 세상을 위해 내가 당장 할 수 있는 일을 한다는 데 있습니다. 그러나 사회혁명이 변질되기 쉽듯, 최근 이 개인적 차원의 혁명인 자선도 다소 변질되는 것을 목격하곤 합니다.

자선 행위를 할 때에는 비참한 사람이 존재하기를 바라서는 안 됩니다. 나의 선의를 부각시키기 위해 타인의 비참을 강조해서는 안 됩니다. 공감과 자선을 받을 사람에게도 인격이 있음을 우리는 기억해야만 합니다.

"공감이 타인의 기쁨과 고통을
함께하는 것이라면,
공감은 '너에게로 가는 길'이며,
이를 다른 시점으로 바꾸면
'너를 받아들이는 법'입니다."

Non enim optare debemus
esse miseros, ut possimus
exercere opera misericordiae.

많은 사람들이 마치
여행자처럼 일생을 스쳐갑니다.

Multi mortáles vitam,
물티　　　모르탈레스　　　비탐,

sicut pĕregrinantes, transigunt.
시쿠트　　　페레그리난테스,　　　트란시군트.

사람들은 여행중에 잠시 머물 도시에 대해서는 자세히 공부하지만, 내가 현재 살아가는 도시에 대해서는 그만큼 잘 알려고 애쓰지 않습니다. 여행자는 공간에 대한 호기심과 탐구심에 넘치지만 거주자는 일상 공간을 신선한 관점으로 보는 새 눈을 잃어가기 때문입니다. 시간 앞에서도 마찬가지입니다. 우리가 사용하는 언어의 시제는 대부분 과거시제입니다. 과거시제는 세분화되어 있고 사용빈도도 많습니다. 그에 비해 현재시제와 미래시제는 드물게 쓰이고, 종류도 비교적 적습니다. 우리는 지나간 시간에 대해서는 자세히 연구하고 표현하고 변호하지만, 현재 내가 살아가는 이 순간을 묘사하는 일에는 서툰지도 모르겠습니다.

저는 『라틴어 수업』(흐름출판, 2017)에 이렇게 썼습니다.

"인간은 오늘을 산다고 하지만 어쩌면 단 한순간도 현재를 살고 있지 않은지도 모릅니다. 과거의 한 시절을 그리워하고, 그때와 오늘을 비교합니다."

나쁜 습관이 만들어낸 불행

Infelicitas sicut exitus malae

인펠리치타스　　시쿠트　　엑시투스　　말래

consuetudinis

콘수에투디니스

불행은 그 느닷없음과 슬픔의 무게로 인해 난데없이 무작위로 닥치는 재해처럼 느껴질 때가 많습니다. 하지만 어떤 불행은 나쁜 하루하루가 모래성처럼 허술하게, 그러나 집요하게 쌓여가다가 일시에 와르르 허물어지는 상태가 아닌가 싶습니다.

불행 가운데 혹 습관이 만들어낸 불행은 없을까요? 제 인생엔 타자와 외부로부터 온 불행도 있지만 분명 나 스스로 만들어낸 나쁜 습관으로 인한 불행도 많았습니다. 무심히 쌓은 좋은 습관이 행운과 성공을 불러온다는 것을 사람들은 압니다. 마찬가지로 그저 대수롭지 않은 습관일 뿐이라 변명해왔던 나쁜 버릇이 계속 쌓이면 결국 인생에 돌이킬 수 없는 불행을 초래합니다.

능력이 있으면 독립하라.

Alterius ne sit,
알테리우스　　네　시트,

qui suus esse potest.
퀴　수우스　에쎄　포테스트.

이 문장을 직역하면 "독립할 수 있는 사람은 다른 이에게 속하지 말라"는 뜻입니다. 다른 사람의 노예가 되지 말고 스스로 자신의 주인이 되라는 의미입니다. 자기 삶의 주인이 되기 위해서는 자신만의 '유별남'을 받아들여야 합니다. '유별나다'라는 그리스어 '아토피아$^{\alpha\tau o\pi i\alpha}$'는 '설 자리가 없다' '어느 곳에도 속하지 않는다'는 뜻입니다.* 그러니까 독립이란 어느 곳에서도 속하지 못한 자기 자신을 발견하고 설 자리가 없어진 인간이 설 자리를 마련해나가는 투쟁인 것입니다. 그러므로 역설적이게도 독립은 설 자리가 없는 인간만이 시도할 수 있는 도전입니다.

* 움베르토 에코, 『경이로운 철학의 역사 1—고대·중세 편』, 리카르도 페드리가 편저, 윤병언 옮김, arte, 2018, 136~137쪽 참조.

나는 인생을 슬퍼하기를
좋아하지 않는다.

Non libet mihi deplorare vitam.
논　리베트　미기　데플로라레　비탐.

키케로, 『노년에 대하여』, 84

인생을 슬퍼하기를 좋아하는 사람은 거의 없을 것입니다. 그렇다면 내 인생을 슬프게 만들지 않으려면 지금 나는 무엇을 해야 할까요? 사실 대부분의 경우 그 질문에 대한 답은 네가 아닌 내가 가지고 있습니다. 단지 그것과 조우하기가 두려울 뿐입니다.

그대의 인생이 지금 슬픈가요? 그렇다면 내 인생을 슬픔으로부터 구해내는 방법은 무엇일까요? 아무도 이 질문에 답하지 못할 것입니다. 오직 당신 외에는요. 시간이 흘러 중년이 된 어느 날, 나 자신에게 "나는 살아온 것을 후회하지 않는다"라고 말하려면 지금 나는 어떤 답을 써내려가야 할까요?

올곧은 사람은
아무도 시기하지 않습니다.

Probus invidet nemini.

프로부스　　　인비데트　　　네미니.

키케로, 『티매두스(티마이오스)Timadeus』, 3

스스로를 속이지 않는 데도 여러 방법이 있습니다. 여기에
는 타인이 이룬 성과와 성취를 바라보는 나의 태도도 포함
됩니다. 타인이 어렵게 이룬 성취를 한마디로 평가절하하거
나 별것 아닌 것으로 깎아내린다고 해서 내가 더 높아지지
않습니다. 누군가가 만들어낸 결과만이 아니라 그 결과가
있기까지의 지난한 과정을 보려고 노력할 때, 그리고 그 과
정과 결과를 인정하고 온전히 받아들일 때 우리는 스스로
를 속이지 않게 됩니다.

너무 열심히 하지 맙시다.

Non accelerare debet.

논　　　악첼레라레　　　데베트.

'열심히 해야 한다.' 때로는 이 생각을 버려야 합니다. 그저 숨만 쉬고 있어도 열심일 때가 있습니다. 또 어떤 때는 아무것도 하지 않는 나를 그저 멍하게 바라볼 때도 있습니다. 그때도 머릿속으로는 계속해서 '열심히 해야 한다'고 나 자신을 윽박지릅니다. 그런데 사실 그때 나는 아파하고 있었습니다. 그때 나에게 필요한 것은 나를 쉬게 두는 것이었습니다. 그러지 않으면 '나'는 그 어느 곳에서도 쉴 수도, 숨을 수도 없기 때문입니다.

때로는 열심히 하지 않아도 됩니다.

일을 더 잘하려면 쉬어라.

Otiáre, quo melius labores.

오티아레, 쿼 멜리우스 라보레스.

라틴어는 일과 휴식에 대해 아주 단순하게 구분합니다. '휴식*otium;* *오티움*'이 아닌 모든 것은 otium에 부정 접두사 ne-를 붙여 만든 단어 바로 '일*negotium;* *네고티움*'입니다.

쉬는 게 아니면 모두 일입니다.

만남과 인간관계도 그것을 통해 쉼이 안 되면 일이 됩니다.

사랑도 존재가 주는 쉼이 없으면 일이 됩니다.

행복은 상태가 아니라 태도입니다.

Felicitas non status sed attitudo.

펠리치타스 논 스타투스 세드 아티투도.

행복은 상태가 아니라 태도일지도 모릅니다. 그렇다면 우리는 군이 애써 **'행복하지 않아도 됩니다**_Non beatus esse debet; 논 베아투스 에쎄 데베트_'.

하루하루 살면서 '이것만 이루어진다면 행복할 텐데'라는 생각이 들 때가 있습니다. 그럼 그것이 이루어지고 나면 정말 행복할까요? 잠시 행복할 수는 있겠지요. 그러나 현실은 그러한 바람이 이뤄지고 나면 또다른 바람과 고통이 따릅니다. 인간은 계속해서 무언가를 바라고 그것이 이루어지기를 '안달하는 존재'로 살아갑니다. 그리고 그렇게 안달하는 내용이 성취되면 행복해질 수 있으리라는 착각 속에 살아가는 것이 인간의 애처로운 운명이 아닐까 싶습니다. 하지만 실제로는 그러한 과정 속에서 인간은 행복하지도 행복해지지도 않습니다.

세상의 숱한 행복에 관한 책들은 행복해지기 위해 '의미를 발견하라, 현재 상태에 만족해라, 긍정적으로 생각하라'고 말합니다. 하지만 이상하지요. 어느 한순간이라도 내가 주어진 현실에 군이 불만족하려 했고, 긍정적으로 생각하려 애쓰지 않은 적 있던가요? 우리는 모두 본능적으로 지금 이 순간에 만족하고, 최대한 긍정적으로 생각하며 내 현실과 삶을 인정하기 위해 이미 노력하고 있습니다. 의지와 본능은 이미 충분하다는 이야기입니다. 문제는 내가 아닙니다. 오히려 반복된 실패의 경험이 나를 만족하지 못하게 했고, 부정적으로 몰아갔던 경우가 더 많지 않을까요? 그럼에도 우리는 행복하기 위해서는 어떤 경우에도 스스로 만족하고 긍정적으로 생각해야만 한다고 다시금 우리 자신을 다그칩니다.

과연 그렇게까지 하면서 우리는 반드시 행복해져야만 하는 걸까요? 행복은 우리가 사막에서 오아시스를 찾아 이동하는 지리멸렬한 시간에 잠깐 필요한 사탕 같은 존재일 수 있습니다. 그 사탕에는 우리가 존중받고 인정받고 사랑받고 있다는 달콤함과 에너지원이 농축되어 있지만, 분명한 것은 그 사탕 자체가 목표지점은 아니라는 것입니다.

홀로 길을 갈 때 이러한 사탕이 필요한 순간이 분명 있지요. 하지만 대부분은 그냥 마른침을 삼키며 묵묵히 길을 걸어야 합니다. 이때는 그 어디서도 위로나 평온을 갈구하지 말고, 스스로를 마취시키려 하지도 말고 그저 나아가야 합니다.

아리스토텔레스는 인간이 추구하는 가장 궁극적인 목표

를 행복이라 보았고 이를 '**최고선**_summmum bonum;_ 숨뭄 보눔'이라고 표현했습니다. 인간은 과연 아리스토텔레스가 말한 대로 행복을 추구하는 존재일까요? 인간은 정말 행복하기 위해 태어난 존재일까요? 아니요. 인간은 행복하기 위해 태어난 것이 아니라 살아가기 위해 태어났습니다.

행복은 그 정해진 시간을 채워가느라 고단하고 지친 삶에 주어지는 사탕과도 같습니다. 다시 말해 인간은 행복을 추구하기 위해 살아가는 것이 아니라, 살아가다 어느 날 약처럼, 영양소처럼 필요로 하는 것이 행복 또는 행복감인 것입니다. 그래서 저는 행복은 상태가 아니라 태도라 말합니다. 주어진 시간을 견디고 채워가는 데 필요한 태도 말이지요.

자신을 기만하는 사람들

Fallentes vosmetipsos
팔렌테스 　　　보스메트입소스

무엇 때문에, 누구 때문에 일이, 인생이 제대로 안 풀렸다고 푸념하는 이들을 만납니다. '그럴 수 있겠구나' 하고 공감합니다. 하지만 그럴 수도 있다는 공감은 타인의 몫이지 스스로에 대한 객관적 사실과 자기 평가는 아닐 것입니다.

끊임없이 묻습니다.

진리란 무엇인가? 진실이란 무엇인가?

인생에서 반드시 붙들고 살아야 할 한 가지 진리는 스스로를 속이지 않는 일이라 믿습니다. 나는 어쩔 수 없이 내 편이고 나는 나를 수시로 변명합니다. 그래서 나를 기만하지 않는 것은 쉽지 않습니다. 그러나 나 자신에게마저 거짓말하며 사는 인생은 공허하고 외롭습니다.

거짓 허기

Falsa phagedaena
팔사   파제대나

오랜만에 버스와 지하철을 이용해 이동하던 중 학생 혹은 직장인으로 보이는 청년들을 보았습니다. 20, 30대의 제 모습이 떠올랐습니다. 가진 건 아무것도 없고, 미래에 대한 어떤 그림도 그려지지 않던 막막한 시절의 제 모습이.

그런데 사실 얼마 전까지는 오늘날의 저도 그때와 크게 다를 바 없다고 생각했습니다. 50대에 이르러서도 변함없이 스스로 아무것도 손에 쥔 게 없다고 믿고 있었던 거지요. 저는 여전히 '가난'하다고 생각했습니다. 다만 그것은 실제적이고 물질적인 의미의 가난이 아니라, '거짓 허기'에서 나온 가난과 목마름이었습니다. 그러면서도 누군가 다가오면 다가오지 못하도록 벽을 쳤고요. 마치 염소나 산양, 아이벡스 같은 동물들이 맹수의 공격으로부터 자신을 보호하기 위해 산악지대에서 홀로 살아가는 것처럼 말이지요. 얼마 전부터 집 밖을 나와 진짜 세상을 대면하며 사람들을 자주 만나고 있습니다. 제 자신이 얼마나 가진 게 많은 사람인지를 겸허하게 깨닫습니다. 거짓 허기, 거짓 배고픔, 거짓 가난에서 벗어나야 할 때가 왔습니다.

이유가 아닌 것을
이유로 설정하다.

Non causam ut causa.

논　　　카우삼　　우트　　카우사.

'~때문'이라는 이유나 원인을 드러내야 할 때 라틴어는 어떻게 표현하는지를 설명하고 싶습니다. 라틴어는 이유를 나타낼 때, 명사의 탈격을 쓰거나 'ob(옵)' 'propter(프롭테르)' 'prae(프래)'라는 전치사를 사용합니다. 우리말로는 모두 '~때문에'라고 옮기지만, 라틴어는 탈격으로 표현했느냐, 어떠한 전치사를 사용했느냐에 따라 근원과 유래가 무엇인지 분명하게 드러납니다.

1. 탈격: 내적 원인

예문) 소녀들은 <u>진정 기뻐서(내적 기쁨으로)</u> 기뻐한다.

Puellae <u>laetitia</u> exsultant.

푸엘래 래티티아 엑술탄트.

2. ob, propter + 대격: 외적 원인

예문) <u>가난 때문에</u> 주민들의 생활이 어렵다.

<u>Ob(propter) inopiam</u> incolarum vita ardua est.

옵(프롭테르) 이노피암 인콜라룸 비타 아르두아 에스트.

3. prae + 탈격: 장애의 원인

예문) **눈물로 인해 하녀들은 침묵하고 있었다.**

Prae lacrimis ancillae tacebant.

프래 라크리미스 안칠래 타체반트.

원인이 내 안에 있는지, 외부에 있는지, 어떤 걸림에 의한 것인지 라틴어는 아주 분명하게 밝힙니다. 라틴어를 공부하면서 이러한 표현이 때론 유용할 수 있겠다는 생각이 들었습니다. 막연한 '~때문'이 아니라 그 원인이 어디서 시작하는지를 찾는 데서부터 이유가 아닌 것을 이유로 설정하는 오류와 어리석음을 범하지 않게 될 것이기 때문입니다.

Non causam ut causa.

**원인이 내 안에 있는지,
외부에 있는지,
어떤 걸림에 의한 것인지
라틴어는 아주 분명하게 밝힙니다.**

돌아오지 않는 시간이 얼마나
빠른지를 생각하는 사람은
거의 평화로운 휴식을 누리지 못합니다.
운명이 허락하는 동안,
여러분은 기쁘게 사십시오.
삶은 빠른 행보로 날아가듯 지나가고,
계절의 변천은 덧없고 쏜살같은
시간에 의해 돌아갑니다.

Novit paucos secura quies,
노비트　　파우코스　　세쿠라　　퀴에스,

qui velocis memores aevi, tempora numquam
퀴　벨로치스　　메모레스　애비,　템포라　　눔쾀

reditura tenent. Dum fata sinunt,
레디투라　테넨트.　둠　파타　시눈트,

vivite laeti: properat cursu vita citato,
비비테　래티:　프로페라트　쿠르수　비타　치타토,

volucrique die rota praecipitis vertitur anni.
볼루크리퀘　디에　로타　프래치피티스　베르티투르　안니.

세네카, 『미친 헤라클레스Hercules Furens』, 174

잘 살았다고 자부하는 사람에게도 삶은 덧없고 남는 것 하나 없다는 생각이 들 수 있습니다. 그래서 운명이 허락하는 한 기쁘게 살아가라는 세네카의 말은 잔잔한 위로로 다가옵니다. 빠른 행보로 지나가는 삶, 그 속에서 인간은 무엇을 할 수 있을까요? 계절의 변화와 함께 덧없이 쏜살같이 지나가는 시간 속에서 삶은 우리를 어디로 이끌까요?

SNS가 현대인의 일상을 지배하면서 사람들은 그 어느 때보다 자신의 삶을 보여주는 데 많은 시간을 쏟고 있습니다. 하지만 삶이란 보여주는 것이라기보다는 담아내는 것입니다. 저마다 삶의 그릇이 어떤 형태로 빚어질지는 모르지만, 그 그릇에 오롯이 자기만의 이야기를 담고 살아내는 것이 인생 아닐까요.

쏜살같이 지나가는 삶 속에서 누군가에게 보여주기 위한 행보는 우리를 더욱 지치게 할지도 모릅니다. 인생은 그럴듯하게 플레이팅한 요리 접시가 아니라 내용물이 엎질러지지 않게 잘 담아내는 우묵하고 질박한 그릇에 가까울 겁니다.

우리는 금지된 것을 늘 꾀하고
거절당한 것을 기어코
얻어내려 합니다.

Nitimur in vetitum semper
니티무르   인   베티툼   셈페르

cupimusque negata.
쿠피무스퀘   네가타.

오비디우스, 『사랑Amores』, 3, 4

인간의 본성 안에는 금지된 것을 꾀하고 거절당한 것을 얻어내려는 마음이 있습니다. 이 문장을 읽는 부모님들이 있다면 더러 자신의 자녀가 꼭 그렇다고 생각하는 분들도 있을 겁니다. 하지만 오비디우스가 『사랑』에 쓴 이 문장은 꼭 이성애적인 사랑이나 청소년들의 태도에만 국한되는 것은 아닙니다. 그리고 금지된 것을 꾀하는 인간의 본성이 꼭 일탈이나 탈선으로 가는 것도 아닙니다. 금지된 것을 동경하는 인간의 열망은 영원과 자유, 평등에 대한 의지와 꿈으로 나아가기도 합니다.

물론 거듭된 거절과 금기에 망가지는 사람들도 있습니다. 그런 상황에 놓였을 때 가장 약한 사람의 저항 방식은 스스로 무너져내리는 것입니다. 학창 시절 저의 저항 방식은 답답한 현실을 잊기 위해 그저 계속 자거나 방에서 나오지 않는 것이었습니다. 하지만 그것으로는 금지되고 거절당한 것을 얻을 수 없었습니다.

조금만 주의를 기울여보십시오_Modicum adtendite;_ 모디쿰 아드텐디테. 그래서 "**그 누구의 말에도 귀기울이지 말고, 그 행동과 마음을 들여다보십시오**_Nemo adtendat linguas, sed facta et cor;_ 네모 아드텐다트 린구아스, 세드 팍타 에트 코르"(아우구스티누스, 『요한 서간 강해』, 다섯째 강해 8). 그때 우리는 금지된 것을 꾀하고 거절당한 것을 얻어낼 수 있습니다.

" 금지된 것을 동경하는 인간의 열망은
영원과 자유, 평등에 대한 의지와
꿈으로 나아가기도 합니다. "

Nemo adtendat linguas,
sed facta et cor.

철학은 그대에게 제공하리라: 그대가 그대 자신을 두고 결코 후회하지 않는 삶!

Hoc tibi philosophia præstabit:
호크　티비　필로소피아　　　　프래스타비트:

numquam te pænitebit tui!
눈쾀　　테　패니테비트　투이!

세네카, 『모든 스토아학파 철학자들Philosophi Stoicorum Omnium』, 1573, p.210

후회 없는 삶을 살고 싶나요? 현재의 삶을 완전히 바꾸고 싶나요? 그러려면 본인의 철학을 바꾸어야 합니다. '확실한 것*res certa; 레스 체르타*'에만 매달리지 말고, '불확실한 것*res incerta; 레스 인체르타*'에도 시간과 마음을 쏟아야 합니다. 변화란 원래 불확실한 것입니다.

5장

공부하는 자가 벽에 붙여둔
용기와 신념의 문장

당신 인생의 첫 문장은 무엇입니까?

Quid est prima sententia in vita tua?

퀴드 에스트 프리마 센텐티아 인 비타 톼?

당신 인생의
첫 문장은 무엇입니까?

Quid est prima sententia
퀴드 에스트 프리마 센텐티아

in vita tua?
인 비타 ˙ 톼?

저는 시험장에서 유독 긴장을 많이 하는 학생이었습니다. 가슴이 떨리고 쿵쾅대는데 멈추지를 않았습니다. 어떠한 말이나 처치로도 그 긴장은 쉽게 해소되지 않았습니다. 이렇게 과도하게 긴장했던 이유는 시험 자체가 주는 중압감 때문이기도 했지만, 내가 시험공부를 완전히 다 마치지 못했다는 불안이 저를 짓눌렀던 탓이 컸습니다. 시험을 어떻게 준비해야 할지 요령을 잘 몰랐기 때문에 공부가 제대로 되지 않아 늘 막막했습니다. 그러다 시험장에 들어서면 더 초조해져서 입이 바싹 마를 정도로 긴장했지요. 그 막막함은 상급학교로 갈수록 더 커졌습니다. 중학교에서 고등학교로 가면 공부법도 진화해야 합니다. 고등학교에서 대학교로 진학하면 시험의 형식 자체가 180도 바뀌기 때문에 공부하는 요령도 전폭적으로 달라져야 하는데, 문제는 제가 그것을 잘 몰랐다는 것이었습니다. 제게 시험은 그저 언제나 내 앞에서 나를 가로막고 있는 장애물, 지금까지 축적해온 도약법과 점프 기술을 동원해 수십 번 수백 번 시도하고 넘어서야 할 대상일 뿐이었습니다. 그러나 시험은 늘 새로운 얼굴로 제게 다가왔습니다.

가령 바티칸 대법원 로타 로마나의 부설 기관인 사법연수

원에서 첫 과제물을 받아들었을 때 저는 그 광야처럼 넓은 백지를 어떻게 채워야 할지 막막했습니다. 그 막막함 앞에서 제가 할 수 있었던 유일한 일은 마음을 다잡고 첫 문장을 쓰는 것이었습니다. 아무리 긴장되더라도 이 첫 문장을 써내고 나면 한결 긴장이 풀리고 앞으로 나아갈 힘이 생겼습니다. 첫 문장이 다음 문장을 부르고 그다음 문장이 마지막 문장까지 갈 지도를 그려주었습니다. 그래서 과제물을 작성할 때도, 책을 쓸 때도, 어떤 일을 하더라도 저는 일단 첫 문장에 대해 생각합니다. 첫 문장만 쓸 수 있다면, 나는 이 시험을 통과할 수 있으리라고.

인생이라는 막막한 시험장에서 내가 기필코 써야 할 첫 문장은 무엇일까요?

당신 인생의 첫 문장은 무엇입니까?

**"어떤 일을 하더라도 저는 일단
첫 문장에 대해 생각합니다.
첫 문장만 쓸 수 있다면, 나는
이 시험을 통과할 수 있으리라고."**

*Quid est prima sentent ia
in vita tua?*

봄이 오면 꽃이 피듯이 그렇게 노력은 명예를 돌려줍니다.

Ut ver dat florem,
우트 베르 다트 플로렘,

studium sic reddit honorem.
스투디움 시크 레디트 호노렘.

라틴 명언

봄이 오면 꽃이 피고 온갖 식물의 씨앗이 흩날립니다. 플라타너스 씨부터 송홧가루에 이르기까지 다양한 식물이 날려 보낸 생명의 편지들이 사방을 뒤덮습니다. 그 티끌 같은 가루, 작은 씨앗이 어디에 떨어져 다시 새로운 생명을 틔워낼지 알 수 없지만, 그 희귀한 가능성을 위해 천지에 씨앗을 퍼뜨리는 식물들의 오래된 간절함을 생각합니다. 물론 하릴없이 아스팔트나 돌길에 떨어지는 씨앗들도 있겠죠. 지면에 낙하하자마자 인간의 발에 짓이겨져 금세 신발 밑창에 달라붙는 얼룩 한 점이 되어버리는 씨앗들이 대다수일 것입니다. 그러나 식물은 그 짓이겨진 씨앗들이 쓸데없는 시도였다고 푸념하지 않을 것입니다.

그런데 인간은 어떤가요? 하나를 시도해서 하나의 결과를 온전히 얻으려 한다면 그건 도둑놈 심보가 아닐까요? 내가 100을 준비해서 100이 나오길 바라는 마음은 과한 욕심입니다. 그런 일이 결코 없다고 할 순 없지만 아주 드뭅니다. 공부라는 것, 살아간다는 것 역시 마찬가지죠. 100을 준비해도 20, 아니 그조차 발휘하지 못하는 경우가 태반입니다. 다만 나의 잠재력이 언제 어디서 터질지 알 수 없기에 티끌 같은 기회나마 기다리며 어제도, 오늘도, 내일도 그렇게 내

앞에 깔린 돌길과 아스팔트길에 우직하게 씨앗을 뿌릴 뿐입
니다.

"하나를 시도해서 하나의 결과를
온전히 얻으려 한다면
그건 도둑놈 심보가 아닐까요?"

*Ut ver dat florem,
studium sic reddit honorem.*

어른의 공부에 대하여

De studio adulti

데　　스투디오　　아둘티

평생 공부를 계속해온 제게 사람들은 의무적인 학과 과정을 다 마친 후에 성인의 공부는 무엇을 목표로 삼아야 하느냐고 묻습니다. 저는 어른의 공부란, 살아가는 동안 자아와 경험이 굳은살처럼 박여 단단히 고착화된 통념을 깨는 과정이라 말합니다.

꼭 비싼 학원이나 대학원을 등록할 필요도 없습니다. 일상의 모든 순간 수련할 수 있습니다. 어른의 공부는 자신이 인생에서 굳혀온 보호막과 껍데기를 찢어발기는 데 궁극적인 목적이 있습니다. 편견과 고정관념으로 좁아진 생각의 틀을 넓히고, 나 자신이 굳건히 믿어온 것에 대해 차근차근 오답 노트를 만들어나가야 합니다.

누군가 '당신은 학생입니까?'라고 묻는다면 어른들은 대개 아니라 말할 것입니다. 하지만 '당신은 공부하는 사람입니까?'라는 질문 앞에서 끄덕이는 어른이 더 많아지길 바랍니다. 자기 자신과 사람과 세상에 대해 공부하길 멈춘 어른이 꼰대가 됩니다.

나는 망각의 기술을 더 바랍니다.
왜냐하면 나는 내가 기억하고
싶지 않은 것은 기억하고,
잊어버리고 싶은 것은
잊을 수가 없기 때문입니다.

Oblivionis artem mallem;
오블리비오니스 　　아르템 　　　말렘;

nam nemini etiam quæ nolo,
남 　　네미니 　　에티암 　　쿼 　　놀로,

oblivisci non possum quæ volo.
오블리비쉬 　　논 　　포쑴 　　　쿼 　　볼로.

우리는 배우는 과정에서 한 귀로 듣고 한 귀로 흘리는 부주의와 망각을 두려워합니다. 망각을 막아내어 철저히 암기하는 것이 배움의 왕도라 믿는 분들이 많지요. 하지만 저는 어른의 공부는 망각에서 시작된다고 말합니다. 잊을 수 있어야 그 반대로 배울 수도 있습니다. 그러니 잘 잊는 자신을 탓하지 마십시오. 어른은 몸과 마음에 저도 모르게 배어든 것을 잊고 털어낼 수 있어야 새로운 것을 배울 수 있습니다. 망각이라는 이름의 자기 비움이 오히려 인간으로서 초심자의 마음으로 더 많은 것을 배우게 합니다. 여기서 중요한 것은 기억해야 할 것과 잊어야 할 것을 구분하는 것인데, 이것이 또다른 어른의 공부 과제일 것입니다.

내용을 가져라.
그러면 말은 저절로 따라올 것이다.

Rem tene, verba sequentur.
렘　　　테네,　　　베르바　　　세퀜투르.

___

카토

중세 유럽 사회에 책이 보급된 것은 '책 읽기'가 수도 생활의 규칙 안에 포함된 '의무'였기 때문입니다. 중세 수도원에서는 매일 저녁 8시 하루의 마지막 기도가 끝난 뒤 15분 정도 의무적으로 함께 성당에서 '영적 독서*officium lectionis; 오피치움 렉티오니스*' 시간을 가졌습니다. 공동체 형제들이 한 공간에서 다 함께 책을 읽으려면 도서를 대량 구입해야 했고, 책의 관리를 맡은 도서관 사서가 필요해졌으며, 책의 보존과 수리 작업의 수요도 생겼습니다. 그래서 중세 수도사들은 독자만이 아니라 책의 생산자와 보급자 역할까지 하게 되었지요. 수도사들은 책의 제작과 생산을 위해 필사를 하기 시작했습니다. 애초 필요에 의해 시작한 것이었지만, 어느덧 필사는 자기 수양의 수단이 되었습니다. 이 모든 것이 가능했던 이유는 역시 책 읽기가 수도 생활의 권고 사항이 아니라 의무였기 때문입니다.

언어를 학습하고 연마하는 것은 단순히 의사소통의 도구일 뿐 아니라 깊은 사유의 수단이 됩니다. 그리고 그러한 사유를 통해 개인과 사회의 미래를 준비하는 역할을 합니다.

• Gaio Giulio Vittore, *Ars rhetorica, su digiliblt.uniupo.it*, De inventione, p.374.

언어를 깊이 사유하고 이해하는 가장 좋은 방법은 역시 독서입니다. 성장기와 학창 시절에 무수한 책들을 쌓아놓고 읽은 책 사냥꾼은 언젠가 자유자재로 생각의 창고에서 지혜를 꺼내 쓸 수 있게 됩니다.

12세기 유럽의 수도사이자 사상가 '위그 드 생빅토르Hugo von St. Viktor'는 그리스도교를 가르치는 초급 교사를 위한 지도서 『독서 공부에 관하여Didascalicon de Studio Legendi』에서 이렇게 말합니다.

모든 것을 배우도록 하라. 나중에는 그 어떤 것도 소용없지 않다는 걸 깨닫게 될 것이다.

Omnia disce, videbis postea nihil esse superfluum.

옴니아 디쒜, 비데비스 포스테아 니힐 에쎄 수페르플루움.

❝ 성장기와 학창 시절에 무수한 책들을
쌓아놓고 읽은 책 사냥꾼은
언젠가 자유자재로 생각의 창고에서
지혜를 꺼내 쓸 수 있게 됩니다.**❞**

Omnia disce, videbis postea
nihil esse superfluum.

모든 것은
생각에서 시작됩니다.

Omnia incipiunt ex cogitatione.

옴니아　　　　인치피운트　　엑스　　　코지타티오네.

여기서 고대 그리스인들이 생각하는 방식을 고찰해볼 필요가 있습니다. 그들은 나이 많은 사람이 해준 이야기라고 해서, 사람들에게 널리 알려진 통념이라고 해서 '진실'로 인정될 순 없다는 사고방식을 갖고 있었습니다. 다시 말해 전통과 권위의 무게가 사람들의 분별력을 오히려 흐릴 가능성을 염두에 두는 것이지요.

고대 그리스인들이 그랬듯 남들이 말하는 것을 진리나 진실로 맹신하지 않기 위해서는, 나의 시선으로 관찰 가능한 증거와 과학적 사고를 통해 논리를 다져가는 것이 중요합니다. 모든 것은 생각에서 시작하지만, 그 생각에는 논리라는 주춧돌이 있어야 하지요. 더불어 그 논리는 그저 이성으로 철벽을 세우는 것만이 아니라, 상대방 이전에 자신에게 일단 감동을 줄 수 있는 부드러운 설득이어야 합니다.

어려운 일이나 중요한 일 앞에서는 생각하고 또 생각하십시오. 그러나 생각은 냉철한 두뇌의 일만은 아닙니다. 현명하고 뛰어난 생각과 논리는 자주 따뜻한 마음이 관장합니다.

길에 머물러 있지 마세요.
목표에 다다르지 못할 겁니다.
그대가 다른 어느 곳에
이르더라도 목표에 도달하기까지
그냥 지나치세요.

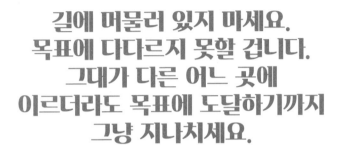

Noli hærere in via, et non pervenire
놀리   해레레   인 비아, 에트 논   페르베니레

ad finem. Ad quidquid aliud veneris,
아드   피넴.   아드   퀴드퀴드   알리우드   베네리스,

transi usque quo pervenias ad finem.
트란시   우스퀘   쿼   페르베니아스 아드   피넴.

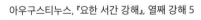

아우구스티누스, 『요한 서간 강해』, 열째 강해 5

요즘 학생들은 그 나이 때의 저에 비해 훨씬 훌륭합니다. 언어능력이나 인문학적인 지식, 국제 환경에 대한 견문이나 지식 면에서 월등히 낫습니다. 그러나 그 훌륭한 조건으로 남다른 결과에 이르려면 표적이 있어야 합니다. 아무리 뛰어난 능력을 갖고 있어도 그 능력이 향할 표적을 찾지 못하면, 무용지물이니까요.

내 인생의 목표를 찾아야 합니다. 그리고 그 목표를 찾기 위해서는 '나 자신을 들여다보는 과정'이 있어야 하며, 지금 나에게 가장 절실한 질문을 던져야 합니다. 그 물음을 통해서 내가 무엇을 희망하는지, 그 바람이 나의 성향과 재능과 어떤 관계를 주고받을지, 어떠한 환경에 있을 때 내 정신이 더 고양되는지, 어떤 상황일 때 뒤로 물러나고 겁내는지, 어떤 사람들과 함께할 때 더 편안함을 느끼고 시너지가 생기는지 이 모든 것에 대한 답을 스스로 찾아가야 합니다.

이 질문들에 대한 답은 그 누구도 대신해줄 수 없습니다. 스승이나 멘토도 나를 대신해 나에 대한 답을 해줄 수는 없습니다. 내가 해낼 수 있다는 믿음, 자기 자신의 가능성에 대한 신뢰, 그리고 포기하지 않고 치열하게 그 꿈에 다가가는 용기, 이것이 바로 자존감을 올리는 방법입니다. 물론 힘들겠지요. 수시로 포기하고 싶은 순간이 찾아올 겁니다. 하지만 인간은 자기 고통과 실패와 마주할 때 성장하는 법입니다. 그 어려움을 깨고 일어나는 사람만이 힘들어하는 다른 이에게 손을 내밀어줄 수 있습니다.

길에 머물러 있지 마세요. 다시 일어나 걷기 바랍니다.

66 해낼 수 있다는 믿음,
자기 자신의 가능성에 대한 신뢰,
그리고 포기하지 않고 치열하게
그 꿈에 다가가는 용기, 이것이 바로
자존감을 올리는 방법입니다. 99

Noli hærere in via, et non
pervenire ad finem.
Ad quidquid aliud veneris,
transi usque quo pervenias
ad finem.

용기를 시험해볼 기회

Locus probandae virtutis

로쿠스 　　　프로반대 　　　비르투티스

어떻게 하면 공부를 잘할 수 있는지에 대한 질문을 받을 때가 종종 있습니다. 저는 이 질문이 마치 "어떻게 하면 잘살 수 있습니까?"라는 말처럼 막연하게 들립니다. 사람들은 단기간에 손쉽게 성적을 올리고 만족스러운 결과를 얻는 비법 같은 것이 제게 있다고 믿는 듯합니다. 하지만 그 질문에 제가 드릴 수 있는 답은 아주 원론적일 뿐이어서 질문자에게 실망감만 드릴 때가 많습니다. 그럼에도 불구하고 제 답을 공개하면 이렇습니다. 공부를 잘하려면 머리만 좋아서도 안 되고 노력만 열심히 해서도 안 됩니다. 여기에 저는 반드시 '용기'가 필요하다고 답합니다.

공부든 삶이든 사랑이든 이것은 우리에게 '용기를 시험해볼 기회'입니다. 용감하고 담대한 성품을 가진 사람만이 공부를 잘한다는 말이 아닙니다. 오히려 공부는 그저 나의 용기를 시험하고 더 크게 굴려갈 기회라 생각하며, 실패에도 겸허해지는 사람이 우직하게 공부할 수 있습니다. 세상에 당신의 인생을 완전히 판결하고 결정짓는 시험 따위는 없습니다. 이번 시험에 실패하면 우리는 다시 다른 시험대 앞에 설 것입니다. 전력을 다해 공부하되 그 어떤 경우에도 내게 또다른 힘과 용기가 남아 있음을 믿는 자만이 결국 공부에서도 승리하게 될 것입니다. 용기는 끊임없이 좌절하려는 나에게 새로운 희망을 불어넣어줍니다.

"세상에 당신의 인생을
완전히 판결하고 결정짓는
시험 따위는 없습니다.**"**

Locus probandae virtutis

노력에서 기쁨이 나옵니다.

Ex studiis gaudium provenit.

엑스　스투디이이스　　　가우디움　　　　프로베니트.

공부의 실패는 낮은 점수를 받는 것이 아닙니다. 공부를 중단해버리는 것이 진짜 실패입니다. 자신이 원해서 하는 공부가 아니라 사회에서, 혹은 주변인들에게 인정받고 잘나 보이기 위한 수단을 얻고자 하는 공부에서는 '나'라는 주체가 지워집니다. 그런 식의 공부는 우리를 지치게 합니다. 거듭 실패감과 자책감만 안겨주는 공부로부터는 자기 자신을 발견할 수도, 삶을 배울 수도 없습니다. 무수한 인생의 변수 속에서 어떻게 생존할 수 있을까 탐구하는 고민, 삶이 죽음을 선택하라고 할 때 죽음 쪽으로 흘러가지 않고 끝내 삶을 지탱하는 힘, 그것은 주체적으로 공부하는 자만이 얻을 수 있는 열매입니다.

평생 내가 설 자리를
고민하는 것이 인생입니다.

Vivere est semper secum quaerere
비베레 에스트 셈페르 세쿰 쿼레레

qui suus locus in universo sit.
퀴 수우스 로쿠스 인 우니베르소 시트.

나는 지금 어디에 있어야 하는가?

내가 발붙이고 서 있어야 할 한 뼘의 자리, 엉덩이 붙이고 견뎌야 할 나의 의자는 어디인가?

인간은 평생 자신이 어디에 있어야 할지를 묻습니다. 결국 인생이란 나의 자리를 궁리하고 찾아가기 위해 한 발 한 발 떼어놓는 발걸음일지도 모르겠습니다.

수많은 재미있는 놀이와 유흥을 뿌리치고 지금 책상 앞에 앉아 공부하는 나, 날씨 좋은 날 가고 싶은 수많은 곳을 물리치고 컴퓨터를 켠 채 지금 해야 할 일을 해내는 나, 이 모습들은 결국 내가 어디에 있어야 하는지에 대한 물음이자 대답입니다. 바로 이런 순간들이 모여 인생의 행로를 바꿔놓을 것입니다.

깊이는 타인이 주지 않습니다.

Ex aliis non datur profunditas.

엑스 알리이스　　논　　　다투르　　　　프로푼디타스.

우리 사회는 생각하는 사회인가? 나는 생각하는 공부를 하고 있는가? 나는 타인이 줄 수 없는 깊이를 스스로 만들어가고 있는가? 제 집에 만들어둔 '생각하는 방'에서 늘 이런 질문들을 스스로 던져봅니다. 예측하기 어려운 시대에 '어떻게 생각하고 살아갈 것인가'에 대한 철학적 사유는 여전히 유효하다고 믿습니다.

깊이는 타인이 주지 않습니다. 나의 깊이는 오직 나만이 파고들 수 있습니다.

일상의 행실을
잘하는 것에 대하여

De consuetis actionibus bene
데   콘수에티스   악티오니부스   베네

peragendis
페라젠디스

일상생활을 잘한다는 것은 좋은 습관이 몸에 배어 있다는 말입니다. 공부할 때, 일할 때 좋은 습관이 몸에 배어 있다는 건 몸을 현명하게 쓰는 연습이 잘되어 있음을 뜻합니다. 그렇게 "좋은 습관이 몸에 배어 있는 사람은 늙어서도 항상 찬사를 듣습니다*Qui bona consuescit, semper cum laude senescit;* 퀴 보나 콘수에쉬트, 셈페르 쿰 라우데 세네쉬트"(『삶과 죽음에 대한 연극 무대 요약본Compendiosum Vitae&Mortis Theatrum』, p.438).

젊음은 배움의 시기입니다.

Iuventus est tempus discendi.
유벤투스   에스트   템푸스   디쉔디.

기성세대는 젊은 세대를 향해 '공부에는 때가 있다'고 잔소리합니다. 이것은 단순히 기억력이나 체력 등의 외부적인 조건 때문만은 아닙니다. 나이가 들어감에 따라 하고 싶은 일이나 공부보다 지금 당장 처리해야 할 일, 해결해야 할 일들에 더 매일 수밖에 없기 때문입니다. 나이와 역할에 따른 책무가 늘어갈수록 젊은 시절 배워두지 못한 것에 대한 간절함은 커집니다. 나이든 뒤 지금 당장 써먹지 못할 공부를 하는 데는 엄청난 노력과 공이 듭니다. 이것은 현실입니다.

앞의 라틴어 문장은 문법서에서 단골로 등장하는 예문입니다. 18세기 문법서에도 이 예문이 등장합니다. 아마도 선생이 수업시간에 젊은 학생들에게 자극을 주기 위해 의도적으로 만든 예문은 아닐까 생각해봅니다.

나는 공부에 시간을 들입니다.

Impendo tempus studiis.
임펜도   템푸스   스투디이이스.

"나는 나의 생애가 얼마나 남아 있는지 정확히 알 수 없지만 (…) 인생은 아무리 길어야 덧없고 찰나적인 것. (…) 학문 연구, 즉 공부에는 끝이 없는 것 같아. (…) 나는 진작 이렇게 했어야 했고, 또 한창 힘이 좋을 때 귀중한 세월을 아꼈어야 하는데 정말 아쉽기만 하네. 이제 시간이 정말 조금밖에 남아 있지 않다고 느끼고 나서야 사람들은 뒤늦게 시간을 아끼려고 하지."●

에라스무스의 이 탄식을 읽으며 한창 힘 좋은 젊은 시절에 귀중한 시간을 아끼지 못한 저 자신을 돌아봅니다. 하고 싶은 공부나 일을 위해서 꼭 일찌감치 준비해야 할 것들이 있는데, 그때는 다른 일로 바쁘다며 미처 하지 못했습니다.

공부에 온전히 시간을 들여야 할 때가 있습니다. 나이들수록 더 많은 일이 우리를 기다리고 있기에 젊을 때처럼 그것에만 집중하기 힘들어집니다. 저의 이 말에 "나더러 (이래라 저래라) 잔소리하지 말게. 내 할 일은 내가 알고 있으니까*Ne me moneatis: memini ego officium meum; 네 메 모네아티스: 메미니 에고*

● 요한 하위징아, 『에라스뮈스』, 이종인 옮김, 연암서가, 2013, 133쪽 인용.

오피치움 메움"(플라우투스) 이렇게 말할 수 있는 사람은 행복
합니다.

Impendo tempus studiis.

"이제 시간이 정말 조금밖에
남아 있지 않다고 느끼고 나서야

사람들은 뒤늦게 시간을
아끼려고 하지.**"**

노년은 그 자체로 병이다.

Senectus ipsa morbus.
세넥투스 입사 모르부스.

테렌티우스, 『아페르의 희곡Phormio』, 4, 1, 9

로마법에는 사람을 언제부터 노인으로 보는가에 대한 정의가 없었습니다. 하지만 당시 생애주기별 연령에 따르면 통상 60세 이상을 노년으로 보았습니다. "노년은 그 자체로 병이다"라는 표현은 노화에 수반되는 신체적 질병과 박탈감을 나타내는 표현이었습니다. 늙음이 그 자체로 병이라는 것은 의학과 복지가 발전한 현대에는 통용되지 않는 이야기이겠지요. 하지만 지금 우리는 그 어떤 시대보다 어떻게 나이들어갈까, 어떻게 늙어갈까에 대해 많은 고민을 하고 있습니다. 나이들어도 기력과 체력이 전보다 쇠하지 않게 된 인간은 어떻게 해야 잘 늙을 수 있을까요? 무언가를 공부하지 않을 때 인간은 늙어갑니다. 몸과 마음에 새로운 바람을 불어넣지 않고 그대로 고여 있을 때 인간은 굳어가고 늙어갑니다.

끝없는 근심으로
마음은 서서히 무너진다.

Perpetuis liquefiunt pectora curis.

페르페투이스   리퀘피운트   펙토라   쿠리스.

오비디우스, 『흑해에서 온 편지Epistulae Ex Ponto』, I, 55

공부를 하다보면 백해무익한 걱정이 시시각각 튀어나와 우리를 괴롭힙니다. '내가 공부를 잘하고 있는 걸까?' '왜 공부해도 성적이 오르지 않을까?' '나는 언제쯤 공부를 잘할 수 있을까?' 온갖 생각이 밀려듭니다. 과거의 우울한 내가 다시 살아나 스스로를 괴롭힐 때마다 '나를 믿어주자' '나 스스로를 불쌍한 사람으로 만들지 말자'라고 계속 다짐했습니다. 이런 노력이 나를 일으킨다는 사실을 깨닫게 된 이후에는 크게 넘어져도 전보다 빨리 털고 일어날 수 있었습니다. 공부하는 사람은 아무리 부정적인 생각을 불러오는 내면의 늑대가 배고프다고 울어도 밥을 주어서는 안 됩니다. 그 늑대가 거침없이 자라서 힘이 세지면 우리 안으로 뛰어들어 나의 소중한 양을 잡아먹을 수 있기 때문입니다. 양치기는 양에게만 밥을 주어야 합니다.

스스로 원하는 것이
무엇인지 느끼고,
그 느낌을 그대로 말하기.

Sentire quae velis et quae sentias

센티레　　퀘　　벨리스 에트　퀘　　센티아스

dicere licet.

디체레　　리체트.

타치투스, 『역사Historiae』, 1, 1, 100-110

우리가 공부하는 이유는 스스로 원하는 것이 무엇인지 깨닫고, 그것을 자기만의 언어로 표현하기 위함입니다. 대학이나 해외에서 공부할 때 학생들은 자신의 어학 실력이 부족해 생각을 제대로 전달하지 못한다고 착각하곤 합니다. 물론 어학 실력이 소통과 공부의 질을 좌지우지하는 경우도 많지만 언제나 그런 것은 아닙니다. 로마의 정치가이자 군인, 문인이었던 카토는 이렇게 말했습니다.

내용을 가져라. 그러면 말은 저절로 따라올 것이다.
Rem tene, verba sequentur.
렘 테네, 베르바 세퀜투르.

누군가 어떤 주제에 대해 얼마나 아는지에 대해 논할 때, 저는 타인에게 설명할 수 있는 만큼만 아는 것이라고 생각합니다. 그때 우리는 비로소 어떤 내용을 '소화했다'거나 '녹여냈다'고 말할 수 있겠지요. 이렇게 내가 아는 것을 타인에게 전달하는 기술을 향상시키기 위한 방법으로 저는 한 권 분량의 책을 가상의 대중 앞에서 15분가량 말하는 연습을 해보라고 권합니다. 내가 원하고 아는 것을 타인에게 설명하는 연습을 통해 정교한 사고의 틀과 논리를 정립할 수 있기 때문입니다.

　공개적인 자리에서 말하기 연습을 할 기회가 없다면 혼자 있을 때 완결된 문장으로 소리내어 말해보는 것도 좋습니다. 나 자신을 청중으로 상정하고 말을 걸어보는 것이지요. 자신에게 설명할 수 없는 것은 타인에게도 결코 설명할 수 없기 때문입니다.

**" 누군가 어떤 주제에 대해
얼마나 아는지에 대해 논할 때,
저는 타인에게 설명할 수 있는 만큼만
아는 것이라고 생각합니다.
그때 우리는 비로소
어떤 내용을 '소화했다'거나
'녹여냈다'고 말할 수 있습니다. "**

Sent ire quae velis et quae
sent ias dicere licet.

사람의 지능은
배우면서 개발된다.

Hominis mens discendo alitur.

호미니스   멘스   디쉔도   알리투르.

라틴 속담

"사람의 지능은 배우면서 개발된다"는 말이 있습니다. 그러기 위해서는 몸을 단련하듯이 두뇌를 단련해야 하는데, 어떤 공부는 '몸을 가두어두고' 해야 합니다.

가령 저는 또래 아이들보다 더 깊이 더 오래 생각하는 능력이 있음을 알았습니다. 하지만 그것은 성적으로 환산되지 않는 가능성에 불과했습니다. 저는 저의 작은 재능을 꽃피우기 위해 지난한 시간, 의자에 저를 묶어두고 책을 읽고 또 읽어가며 생각을 키워갔습니다. 어느 한 시절 제가 몸을 가두어두고 몰입해 저의 지능과 재능을 단련하는 시간을 갖지 않았더라면, 저의 생각하는 능력 또한 그저 한 시절의 특장점 정도에 머물렀겠지요. 사람의 지능은 배우면서 발전하고, 배우면서 자신의 재능을 발견합니다.

묵상 없는 독서는 건조하며,
독서 없는 묵상은
오류에 빠지기 쉽고,
묵상 없는 기도는 미지근하며
기도 없는 묵상은 결실이 없습니다.

Lectio sine meditatione est arida,
렉티오　시네　메디타티오네　에스트　아리다,

meditatio sine lectione erronea,
메디타티오　시네　렉티오네　에로네아,

oratio sine meditatione tepida,
오라티오　시네　메디타티오네　테피다,

meditatio sine oratione infructuosa.
메디타티오　시네　오라티오네　인프룩튀사.

─────────

귀고 2세, 『관상 생활에 대해 쓴 편지Epistola de vita Contemplatina』, 14

독서는 다른 사람의 생각을 내 머릿속에 넣는 것이고, 다른 사람의 관점으로 세상을 읽는 것입니다. 우리는 타인의 글을 읽는 훈련을 통해 타인의 생각 속으로, 더 나아가 타인의 감정 속으로 들어가게 됩니다. 즉 독서는 관점의 이입을 통해 감정의 이입을 가능하게 하고, 감정의 이입, 즉 공감을 통해 나와 세상의 변화를 꿈꾸게 합니다.

6장

사람이 던진 비수에
피 흘릴 때 읽어야 할
치유의 문장

대침묵

Altum silentium

알툼   실렌티움

사람과 사람 사이에는
담이 존재합니다.

Saeptum est inter hominem
샙툼　　에스트　　인테르　　호미넴

et hominem.
에트　　호미넴.

인간은 태어나 자라면서 자아가 생기고 나와 너를 구분합니다. 이때부터 사람과 사람 사이에는 담이 생깁니다. 그 담은 내가 쌓은 것일 때도 있고, 때로는 타인이 쌓아둔 담 앞에서 홀로 막막하게 서 있어야 할 때도 있습니다.

담 안에서 존재하는 인간.

이 담을 경계로 인간은 담 안에서는 스스로 그려놓은 모습으로, 담 밖에서는 타인이 원하는 모양으로 살다가 생을 마감합니다.

타인과 나의 경계엔 무너지지 않는 견고한 담이 있어, 나와 너의 자의식만으로는 그 담을 결코 넘어갈 수 없습니다. 담 안쪽의 내가 유일하다는 자의식을 버리고, 담 너머의 세상을 탐구하고 고민하는 연습이 필요합니다. 저는 그것을 공부라 말합니다.

대화는 단순히
사고의 교환만은 아닙니다.
어느 면에서 대화는 언제나
'은총의 교환'입니다.

Dialogus non solum opinationum
디알로구스 　논　 솔룸 　오피나티오눔

commercium est; is quodammodo
콤메르치움 　에스트; 이스 　쿼담모도

semper "commercium donorum" est.
셈페르 　"콤메르치움 　도노룸" 　에스트.

성 요한 바오로 2세, 『하나 되게 하소서Ut Unum Sint』, 28

사제직을 내려놓고 일반인으로 살면서 저는 이전까지 제가 뿌려왔던 말에 대해 성찰하는 시간을 갖고 있습니다. 그동안 저는 타인과 대화하면서 내가 전하고자 하는 말을 상대방이 나와 같이 이해하고 있으리라 생각했습니다. 100퍼센트 이해하지는 못해도 내가 애써 전달하고 표현하는 만큼은 닿을 거라고 믿었던 것입니다. 하지만 그것은 착각이었습니다. 우리는 말할 때 내 감정과 기분에 휩싸여 내가 말하지 않은 뉘앙스와 분위기까지도 상대방이 절로 이해해주길 기대합니다. 인간의 대화 중 온전한 소통에 이르는 것은 극히 일부뿐이고, 어쩌면 우리는 서로 같은 지점에 공감했다는 착각 속에서 혼자 무수한 말들을 뱉고 있는지도 모릅니다. 여기에 대화의 어려움이 있습니다.

설교대와 강론대, 강단과 연단 위에서 제가 쏟아낸 수많은 말들을 돌아봅니다. 기자, 작가들과 업무상 나누었던 그 숱한 미팅에서 오간 말들도 되짚어봅니다. 제가 사제였던 시절에 주고받은 말들 가운데 상호적인 대화는 드물었다는 생각이 듭니다. 고위 성직자나 더는 올라갈 곳이 별로 없는 위치에 오른 사람, 또는 극단적인 성향의 정치인들과 대화하다 보면, 자신의 생각을 주입하는 것, 타인으로 하여금 자신의 생각대로 따르게 하는 것을 대화라 오인한다는 느낌을 받습니다. 다른 종교적 신념이나 정치적 성향을 가진 이들끼리는 처음부터 듣는 귀와 배려하는 입술이 아니라 전투태세를 갖추고 마주보기에, 대화 자체가 성립하지 않는 건지도 모르겠습니다.

저는 위에서 아래로 일방적으로 흘려보내는 설교형 말하기가 아니라, 같은 눈높이에서 서로 대등하게 주고받는 대화를 더 잘하는 사람이 되고 싶습니다. 사제가 아닌 일반인으로 살아가면서 나 자신이 변할 의지가 없으면 세상도 변하지 않는다는 것을 실감합니다. 그리고 기도를 통해 변화시킬 수 있는 것은 언제나 타인이나 세상이 아니라 나 자신이라는 사실도요. 나를 변화시킴으로써 세상과 당신에게 가닿기 위해, 저는 오늘도 느리고 더딘 걸음으로 귀와 마음을 열고 진정한 대화 속으로 걸어가려고 합니다.

Dialogus non solum opinat ionum commercium est ; is quodammodo semper "commercium donorum" est.

❝ 기도를 통해 변화시킬 수 있는 것은 언제나 타인이나 세상이 아니라 나 자신입니다. ❞

대중은 다음과 같습니다. 대중은 진리로부터는 조금, 소문에 의해 많이 판단합니다.

Sic est vulgus: ex veritate pauca,
시크 에스트 불구스: 엑스 베리타테 파우카,

ex opinione multa aestimat.
엑스 오피니오네 물타 애스티마트.

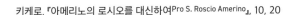

키케로, 『아메리노의 로시오를 대신하여Pro S. Roscio Amerino』, 10, 20

소문을 뜻하는 라틴어 'rumor(루모르)'는 원래 '소란한 소리'
라는 의미였습니다. 그 이유는 'rumor'라는 것 자체가 나의
의지와 상관없이 계속해서 들려오는 소리이기 때문입니다.
나의 의지와 무관하게 계속해서 들려오는 것이 소문이라면,
나 역시 들을 의지를 발휘할 필요가 없는 게 아닐까요?

　근거 없는 낭설과 소문은 계속 흘러가게 두는 수밖에 없
습니다.

소문은 날아간다
(발 없는 말이 천 리 간다).

Fama volat.
파마   볼라트.

베르길리우스, 『아이네이스Aeneide』, III, 121

"소문은 확실치도 않은 일을 크게 과장하는 것이 예사입니다. *Ferre in majus incertas res fama solet;* 페레 인 마유스 인체르타스 레스 파마 솔레트." (리비우스)

소문은 시편 59장 14절의 말씀처럼 "마치 개들처럼 허기져 못 견디고 성 안을 싸돌아다닙니다*Famem patientur ut canes, et circuibunt civitatem;* 파멤 파티엔투르 우트 카네스, 에트 치르쿠이분트 치비타템". 소문은 나의 의지와 무관하게 흘러가고 일파만파 퍼집니다.

저를 잘 알지 못하는 이들이 날린 소문들이 제 주변을 먼지처럼 떠돌던 시절이 있었습니다. 그때 저는 진공관 같은 공부방에서 '사전 만들기'라는 무모한 작업을 벌였습니다. 사람들은 혼자서 사전을 만드는 것은 미친 짓이라고 말했지만, '사전 만들기'보다 사람들의 무책임한 말에 저는 미칠 것만 같았습니다. 저는 그 소리 하나하나에 대응하기보다 귀에 커다란 헤드셋을 쓴 것처럼 무심하게, 매일 확실하게 진척되지도 않는 사전 작업을 해나갔습니다. 10여 년의 시간이 지나고 진공관 밖을 나왔을 때 마치 저는 다른 세계에 속한 사람 같았고, 제가 해낸 그 사전 작업이 실제로 저를 새로운 세계의 사람으로 만들어주었습니다.

무척이나 고통스럽고 괴로운 시간이었지만 결국 소문도 날아갑니다. 중요한 것은 나는 그 먼지 같은 시간을 어떻게 견뎌 무엇을 남길 것인가, 그 헛된 소문 속에서 진짜 나를 어떻게 입증해낼 것인가 하는 것입니다. 소문이 완전히 날아간 후에도 그에 대한 나의 태도는 남습니다.

" 소문은 확실치도 않은 일을 크게
과장하는 것이 예사입니다. "

Ferre in majus incertas
res fama solet.

어리석음은
모든 재앙의 어머니요 구실입니다.

Stultia est mater atque materies
스툴티아 에스트 마테르 아트퀘 마테리에스

omnis perniciei.
옴니스 페르니치에이.

어리석음은 무지와 다릅니다. 무지는 아무것도 하지 않고 말하지 않는 순간에도 드러나곤 하지만, 어리석음은 무언가를 선택하는 순간에, 중요한 결정을 하는 순간에 비로소 드러납니다. 어리석은 인간이 되지 않기 위해 저는 선택의 순간마다 의논할 상대를 찾았습니다. 제가 찾아간 대상은 아래의 글이 아주 훌륭하게 표현해주고 있습니다.

노인은 노인에 대해 가장 달콤한 말을 하고,
아이는 아이끼리 떠들지.
여인은 여인끼리 잘 어울리고,
병든 이는 병든 이에게,
불행에 우는 이는 불운을 만난 이에게 끌리지.•

선택의 결과가 좋지 않았을 때 "나의 어리석음은 스스로 혐오스러울 뿐 아니라, 나를 부끄럽게도 합니다*Me non solum piget stultitiæ meæ, sed etiam pudet*; 메 논 솔룸 피제트 스툴티티애 메애, 세드 에티암 푸데트". (키케로, 『고향에 대하여*De Domo sua*, 29) 그럴

• 『플루타르코스의 모랄리아: 교육 · 윤리 편』, 허승일 옮김, 서울대학교출판문화원, 2012, 258쪽 인용.

때면 나는 나의 어리석음에 짜증이 납니다*Me piget stultitiæ meæ;* 메 피제트 스툴티티애 메애.

모든 어리석음과 가식을 털어버리고 상처 입은 몸과 마음을 달래며 배움의 길로 나서야만 했습니다. 속도가 더뎌 답답했지만 어리석음의 결과에 절망하거나 회피하거나 포기하지 않고 다시 길을 걸어가는 수밖에 없었습니다. 선택의 여지가 없는 선택이었습니다.

그때 저는 이런 말들을 마음에 새겼습니다.

남의 악덕을 물고 늘어지면서 제 악덕을 망각하는 것은 어리석음의 고질이다.

Est proprium stultitiæ aliorum vitia cernere, oblivisci suorum.

에스트 프로프리움 스툴티티애 알리오룸 비티아 체르네레, 오블리비쉬 수오룸.

(키케로, 『투스쿨라나 담론』, 3, 30)

우둔한 사람 앞에서 떠나가라, 거기에서는 지식의 말을 배우지 못한다.

Cede coram viro stulto, quia nescies labia prudentiæ.

체데 코람 비로 스툴토, 퀴아 네쉬에스 라비아 프루덴티애.

(잠언 14, 7)

오만이 오면 수치도 오지만
겸손한 이에게는 지혜가 따른다.

Venit superbia, veniet et contumelia;
베니트 　　 수페르비아, 　　 베니에트 　 에트 　　 콘투멜리아;

apud humiles autem sapientia.
아푸드 　　 후밀레스 　　 아우템 　　 사피엔티아.

잠언 11, 2

어리석음으로 인한 선택의 결과가 쌓이면서 인간관계는 불편해지고 상황은 점점 어려워지는 경우가 많았습니다. 그런 가운데 역설적이게도 제 안에 오만이 자라기 시작했습니다. 그것은 내게 '없는 부분'을 감추고자 하는 욕망과 결합하면서 타인의 범상한 말과 태도에도 날선 말과 눈빛으로 대응하는 태도로 나타났습니다. 그렇게 함으로써 세상으로부터 나를 방어할 수 있다고 생각했는데, 아니었습니다. 그런 말과 행동은 다른 사람보다 나 자신을 더 불편하게 했습니다. 오만함은 나를 지켜주지도 자유롭게도 하지 않았습니다.

내가 자유로워지기 위해 과감히 버려야 할 것들이 생겼습니다. 오만이라는 옷을 벗어던져야 하는 순간이 다가왔습니다. 하지만 사람은 자신이 지닌 물건만 쉽게 버리지 못하는 것이 아니었습니다. 내 몸과 습관에 달라붙은 감정과 태도는 그보다 훨씬 더 버리기 어려웠습니다. 늘 불편함과 구속감을 느꼈지만, 이전에 타인과 세상을 향해 내가 친 벽이 나의 연약한 부분을 지켜주는 기능을 했기 때문에, 그것을 버리고 난 뒤에는 나 자신을 어떻게 지킬까 하는 두려움이 밀려왔습니다.

이 모든 고민과 염려를 깨뜨린 것은 수치심이었습니다.

부끄러움을 안다는 것……

이 세상엔 인간만이 할 수 있는 것이 있는데, 그 가운데 하나가 부끄러움을 아는 것입니다. 부끄러움이 저를 오만에서 벗어나게 해주었습니다. 오만의 옷을 벗어던지자 사람들이 다가오기 시작했습니다. 사람들 사이에서 저는 우정의 온기와 다정의 눈물겨움을 깨달았습니다.

한자어 인간人間은 사이 간 자를 씁니다. 아마도 외따로 뚝뚝 떨어져서는 인간으로 바로 설 수 없다는 뜻이겠지요. 인간 사이에서 숨쉬는 인간만이 인간다움을 잃지 않을 수 있습니다. 저는 그렇게 사람들 사이로 걸어들어갔습니다.

“ 부끄러움을 안다는 것……
이 세상엔 인간만이 할 수 있는 것이
있는데, 그 가운데 하나가
부끄러움을 아는 것입니다. ”

Venit superbia,
veniet et contumelia;
apud humiles autem sapientia.

이토록 많은 말이 필요하지는 않았다.

Nihil opus fuit tam multis verbis.

니힐 오푸스 푸이트 탐 물티스 베르비스.

키케로, 『친구들에게 보내는 편지Epistulae ad Familiares』, 6, 3

인간은 끊임없이 누군가의 생각을 지배하려 하고, 또 그 생각을 바꾸려는 경향이 있습니다. 그것이 옳고 바람직하다고 여겨지는 것, 즉 신념과 도덕의 영역에 속한 것이라면 더더욱 그런 경향을 보입니다. 하지만 사람의 습관이 쉽게 변하지 않는 것처럼 사람의 생각도 쉽게 바뀌지 않습니다. 어쩌면 타인의 생각을 바꾸려 하는 시도 자체가 참으로 유혹적이지만 실현 불가능한 오만일 수도 있습니다.

타인의 생각을 내가 원하는 방향으로 돌리려 할 때, 생각을 뜯어고치고야 말겠다는 의지가 강하면 강할수록 목소리는 커지고 동작은 과해집니다. 상대가 지금 뭘 몰라서 저러는 것이고 나의 지당하고 논리적인 생각을 알아듣기만 하면 내 편으로 돌아설 것이란 확신에 차지요. 하지만 상대를 설득하고 싶을 때 우리에게 필요한 것은 이처럼 많은 말이 아닐지도 모릅니다.

인간은 고정되어 있는 존재가 아니라 흐르는 존재입니다. 어떤 것으로부터 영감을 받으면 원래 노선에서 변화와 틈새가 생기고, 그 틈이 계속 인생을 파고들면 애초에 가려던 곳과는 완전히 다른 곳으로 향할 수도 있는 존재가 인간입니다. 그런데 이 변화는 강력한 힘이나 빈틈없는 논리로 강제

한다고 해서 생겨나는 것이 아닙니다. 분명 지금 우리에게 필요한 것은 이처럼 많은 말이 아닙니다.

자녀를 기르는 부모님은 잘 아실 것입니다. 아이를 변화시키기 위해서는 들어주는 귀, 믿어주는 눈빛, 이해하는 말의 온기가 필요하다는 것을요. 타인의 생각을 먼저 잘 듣고 헤아려야 그의 마음을 열 수 있고 돌릴 수도 있습니다. 정보가 부족해서 마음이 열리지 않는 것이 아닙니다. 상대를 배려하고 혜량하는 태도의 온기가 부족하기 때문에 돌아서지 않는 것입니다.

종종 여럿이 있는 자리에서 대화의 지분을 독차지하는 사람들을 봅니다. 뭐가 저리도 초조하여 자신의 이야기만을 침 튀며 쏟아낼까 생각합니다. 마음이 열려 있는 사람, 사람과 세상 앞에 경직되지 않은 사람은 입보다 귀를 먼저 엽니다. 내 말이 너무 많지는 않은가 끊임없이 되돌아봅니다. 말 많은 완고한 사람은 누군가의 허리와 고개를 숙이게 할 수는 있지만, 타인의 마음을 열지는 못할 것입니다. 많이 듣고 적게 말하며 타인의 말에 조용히 미소 짓는 사람이고 싶습니다.

" 종종 여럿이 있는 자리에서
대화의 지분을 독차지하는
사람들을 봅니다.
뭐가 저리도 초조하여
자신의 이야기만을 침 튀며
쏟아낼까 생각합니다. "

Nihil opus fuit tam
mult is verbis.

대침묵

Altum silentium

알툼 실렌티움

침묵이 위대한 건 사람의 시선을 철저히 자기 내면으로 향하게 하는 힘이 있기 때문입니다. 침묵은 자신이 살아온 동안 야금야금 키워왔던 생각의 나무에 전지가위를 들이대는 것입니다. 위대한 침묵의 시간이 길어지면 세상의 비난과 멸시에 온 신경을 곤두세웠던 자신의 시선은 내면으로 향하게 되고, 절대 침묵은 모난 나를 둥글게 깎아줍니다.

신의 있는 친구는
불확실한 상황에서 밝혀집니다.

Amicus certus in re incerta cernitur.

아미쿠스 체르투스 인 레 인체르타 체르니투르.

키케로, 『우정에 대하여De Amicitia』, 64

내가 잘나갈 때는 몇십 년간 교류가 없던 친구나 지인들로부터 연락이 쇄도하다가, 내 상황이 애매해지면 대뜸 연락이 끊기는 경우를 종종 겪습니다. 저는 이것을 '사람 정리'라고 표현합니다. 저는 주로 사람 정리를 당하는 입장이었는데, 그때마다 늘 슬프고 억울했던 것만은 아닙니다. 오히려 그 기회를 통해 불필요한 인간관계가 대폭 정리되는 편안함을 맛보기도 했습니다. 오래 만날 사람은 오히려 불확실한 상황에서 드러납니다. 그때 "나는 꿈에서 깨어납니다*Excutior somno*; 엑스쿠티오르 솜노"(베르길리우스, 『애네이스*Aeneis*』, 2, 302). 냉혹한 현실을 직면합니다. 모든 좋은 관계는 꿈처럼 시작되지만, 꿈에서 깨어나야 진짜 관계가 시작됩니다.

누구도 타인의 증오에
짓눌리지 말아야 한다.

Non debet aliquis alterius odio
논   데베트   알리퀴스   알테리우스   오디오

praegravari.
프래그라바리.

보니파시오 8세, 『보니파시오 8세 법령집에 수록된
88개의 법률 격언Regulae Iuris in VI Decretalium Bonifacii VIII』, 22

이 법언은 교회법의 법률 격언으로 1298년 공포된 보니파시오 8세의 법령집에 수록된 88개의 법률 격언 가운데 하나입니다. 이 문장의 취지는 소송 절차에서 감정적 편견은 배제되어야 한다는 뜻입니다. 하지만 저는 교회법을 공부하면서 이 법률 격언이 꼭 소송 절차에만 해당되는 문구는 아니라고 생각했습니다. 사람은 다양한 인과 관계와 악조건 속에서 스스로 무너지는데, 그중 하나가 타인에 대한 증오로 짓눌릴 때입니다.

제게도 내가 죽어야 이 힘든 인간관계가 끝나리라고 느껴질 만큼 어려운 사람이 있었습니다. 매일 커다란 원망과 증오가 나를 휘감고 지나갔습니다. 그런데 어느 날부터인가 내가 살기 위해 기도하기 시작했습니다. 처음 기도를 시작할 때는 그 사람이 제 눈앞에 보이지 않거나 멀어지길 바랐습니다. 그렇게 시작한 기도가 나날이 쌓여 제법 긴 시간이 지난 어느 날, 아주 작은 변화가 감지되는 것을 느꼈습니다. 저에게서 멀어지길 바라는 대상에 대한 저의 마음이 변하기 시작한 것이었습니다. 그리고 그에 대한 원망도 조금씩 누그러져갔습니다. 물론 현실에서 기도의 대상이 나를 대하는 태도는 전혀 바뀐 게 없었지만요. 그때 저는 사람을 살리는 것과 사람을 죽이는 것 사이에는 무엇이 있을까를 생각했습니다. 아울러 자신을 성장하게 하는 것과 자신을 퇴행하게 하는 것 사이에는 또 무엇이 있을까 고심했습니다. 타인에 대한 증오를 통해서는 나는 결코 성장할 수도, 살 수도 없었습니다.

참으면서 죽어가는 사람이 있는가 하면, 참으면서 사는 완전한 사람도 있습니다.

Sunt enim homines qui cum patientia moriuntur; sunt autem quidam perfecti qui cum patientia vivunt.

순트 에님 호미네스 퀴 쿰 파티엔티아 모리운투르; 순트 아우템 퀴담 페르펙티 퀴 쿰 파티엔티아 비분트.

(아우구스티누스, 『요한 서간 강해』, 아홉째 강해 2)

7장

인간다움을 잃지 않기 위한
최후의 문장

깊은 데로 가라.
Duc in altum.
두크 인 알툼.

만일 누가 부자라면
그가 먹고 싶을 때 먹는다.
그러나 만일 누가 가난하면
먹을 것이 있을 때 먹는다.

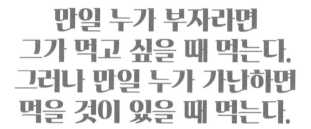

Si quis dives est, ille edit,
시　　퀴스　　디베스　에스트,　일레　　에디트,

quando vult; si quis pauper est,
콴도　　　볼트;　시　퀴스　　파우페르　에스트,

ille edit, quando habet, quod edat.
일레　에디트,　　콴도　　하베트,　　쿼드　　에다트.

Benjamin Hall Kennedy, *Palaestra Latina:
or, A second Latin Reading-Book*, Longman 1850, p.67

부자는 먹고 싶을 때 먹지만, 가난한 사람은 먹을 것이 있을 때 먹습니다. '먹는다'는 똑같은 행위 앞에서도 부자는 사람의 식욕이 주체가 되어 음식을 취하고, 가난한 사람은 식량이 주체가 되어 그것이 존재하면 먹고 부재하면 굶어야 합니다. 가난한 자의 끼니에서는 사람이 음식보다 뒤로 밀려납니다.

먹고 싶을 때, 배고플 때 음식을 먹는다는 것은 인간다움의 첫째가는 조건입니다. 음식이 인간을 택하는 사회란 얼마나 비열합니까. 배고프고 헐벗은 사람들이 먹고 싶을 때 먹을 수 있게 할 권리, 인간다움의 마지노선이 무너지지 않게 할 의무—인간 사회가 아무리 비루해지더라도 반드시 지켜야만 할 그 최후의 선에 신의 갈망이 숨어 있습니다.

자기 자신을 다스리는 것이 최고의 다스림입니다.

Imperare sibi maximum
임페라레 시비 막시뭄

imperium est.
임페리움 에스트.

세네카, 『루칠리우스에게 보내는
도덕적 서한Epistulae Morales ad Lucilium』, 113, 30

인간에게는 삶을 '막 살아갈' 자의적인 권리도, '아님 말고 식'의 태도로 타인의 삶을 침해할 권리도 없습니다. 인생에서 흔히 주관과 의지와 가능성을 강조하지만, 저는 진짜 인간다움은 나의 권리가 아닌 것을 헤아리는 데서 나온다고 생각합니다. 인간이 인생에서 겨우 다스릴 수 있는 것은 타자가 아니라 자기 자신입니다. "자기 자신을 다스리는 것이 최고의 다스림입니다."

무엇이
세상을 좋게 만드는가?

Quid eum bonum reddit?

퀴드　　　에움　　　보눔　　　레디트?

무엇이 세상을 좋게 만들까요? 그것은 세상을 더 낫게 만들려는 '선택'에 의해서입니다. 영원한 가치, 보편적 진리, 유구한 전통 자체만으로 세상이 더 선해지는 것은 아닙니다. 그럼 이 질문에 이어서 다음 질문을 할 수 있습니다. 무엇이 나를 좋게 만들 수 있을까? 그 또한 나를 더 좋아지게 만들려는 '나의 선택'에 의해서만 가능해집니다. 그렇기 때문에 쉬운 선택을 해서는 안 됩니다.

한때 '나만 없어 고양이' '나만 없어 강아지' 하는 식의 유행어가 떠돌았습니다. 남이 기르는 귀엽고 사랑스러운 강아지와 고양이를 보면서 투정 부리듯 유머러스하게 하는 말이라는 것은 잘 압니다. 하지만 저는 이 표현에서 잠시 다른 생각을 해봅니다. 내 삶이 좋아지고 세상이 좋아지려면 '나만 없는 것'에 몰두하지 말고, '너에게 없는 것'을 응시해야 한다고요. 그때 비로소 인생과 세상의 진보는 시작된다고 믿습니다. 인간은 저마다 '없는 부분'을 분명히 가지고 태어나면서도 타인의 결핍을 바라보는 존재입니다. 타인의 결핍을 알아보고 공감하고 성찰하는 일, 그게 교육이고 그 내용이 바로 그 사회의 철학이 될 것입니다.

울 수 없는 것보다 울어야 할 큰 이유는 또 없습니다.

Nulla flendi est major causa, quam flere non posse.

눌라 플렌디 에스트 마요르 카우사, 쾀 플레레 논 포쎄. (세네카)

이것이 우리가 타인의 결핍과 슬픔을 외면하지 말아야 하는 이유입니다. 울지도 못한 채 없음을 견디며 살아가는 이들과 함께 울어줄 수 있어야 합니다. 그래야만 언젠가 내가 울지 못하는 상황에 놓였을 때도 누군가 함께 울어줄 것입니다.

"울 수 없는 것보다 울어야 할
큰 이유는 또 없습니다.**"**

Nulla flendi est major causa,
quam flere non posse.

그만큼 사랑할 가치가 있는 것이어야 그토록 사랑하게 됩니다.

Si tantum amatur,
시 탄툼 아마투르,

quantum amari digna est.
콴툼 아마리 디냐 에스트.

아우구스티누스, 『신국론De Civitate Dei』, 14, 25

존중받고 사랑받기 위해서는 누군가의 '없는 부분'을 헤아릴 줄 알아야 합니다. 이 능력은 교육을 통해 기를 수도 있지만, 인간은 '선험적 직관'을 통해 타인의 아픔과 고통, 결핍을 감각할 수 있습니다. 선험적 직관이란 개인의 경험에 앞서서 무언가를 직접적으로 인식하는 인간의 능력입니다. 꼭 누군가가 고통받는 상황을 직접 목격하거나 경험하지 않아도 타인의 고통에 공감할 수 있어야 사람입니다. 선험적 직관은 인생을 처음 살아가는 인간에게도 궁극적으로 내가 무엇이 되어야 하고 어떻게 살아야 할지에 대해 고민하게 합니다. 선험적 직관은 내면의 소리처럼 내가 나아가야 할 길을 알려주는 마음의 나침반입니다.

요즘 사고력과 문해력을 키워야 한다고들 말합니다. 하지만 생각하고 고뇌하고 계산하고 해석하기 전에 내 마음을 요동치게 하는 것을 직관으로 느끼는 것이 먼저입니다. 내 마음을 흔드는 무언가를 스스로 감지하고 정확하게 감각해야만 사고력도, 문해력도 존재 가치를 찾습니다. 우리는 이런 시간과 기회를 많이 갖지 못했습니다. 우리 시대의 방황은 바로 여기에서 오는 것일지도 모릅니다.

원하지만 어떻게 원해야 할지 모르는 나!

사랑받고 싶지만 어떻게 사랑하는지 모르는 우리!

이것이 사랑받고자 하는 이들이 선험적 직관을 갖춰야 하는 이유입니다. 선험적 직관을 통해 우리는 당장 몸을 움직여 실행하는 행동력과 삶의 밑바닥을 관통하는 지혜를 동시에 체화하게 됩니다.

어떤 경우에도 우리는 '인간답게*humaniter; 후마니테르*' 살고 싶고 그렇게 살아내야만 합니다. 나의 진실과 타인의 고통을 배신하지 않을 그 인간다움은 우리 내면에 이미 들어 있습니다.

❝꼭 누군가가 고통받는 상황을
직접 목격하거나 경험하지 않아도
타인의 고통에 공감할 수 있어야
사람입니다.**❞**

Si tantum amatur,
quantum amari digna est.

너는 네가 키케로임을 잊지 마라.

Neli te oblivísci Cicerónem esse.

넬리　테　　오블리비쉬　　　키케로넴　　　에쎄.

키케로는 성공한 변호사이자 정치가였으나 철학자로서 더 큰 명성을 날렸습니다. 그가 쓴 글들은 읽노라면 지성과 품격에 감탄할 때가 많습니다. 하지만 그는 허영심이 많고 이기적이며, 정치적 야심이 강해 "주먹은 가깝고 법은 멀다*Inter arma silent leges; 인테르 아르마 실렌트 레제스*"●는 현실에서 자신이 로마 공화정을 구할 적격의 인물이라고 자신했습니다. 끊임없이 생生을 갈망하면서도 사死에 집착하는 마음처럼 그는 시골에서 조용하게 사는 즐거움에 대해 아름다운 문체로 글을 써내려갔지만, 현실적으로는 원로원과 법정의 고위직을 갈망했습니다.

생각하는 나와 현실의 나는 언제나 갈등합니다. 인간은 언제나 거룩하지도 항상 완벽할 수도 없기에 그렇게 부딪치는 마음은 결코 이상한 것이 아닙니다. 우리 안에 있는 모순과 고뇌까지도 철학이 되는 순간이 있습니다. 그것이 키케로의 글이 지금 이 시대에도 여전히 새롭게 읽히는 이유이기도 합니다.

● 키케로, 『밀로를 위하여*Pro Milone*』, IV, 11; 직역하면 "팔 사이의 법은 침묵한다"인데 '전시에 법은 침묵한다'는 뜻이다. 의역하면 "주먹은 가깝고 법은 멀다"로 옮길 수 있다.

때로 누추한 외투 속에도
지혜가 깃들어 있다.

Saepe est etiam sub palliolo
새페 에스트 에티암 숩 팔리올로

sordido sapientia.
소르디도 사피엔티아.

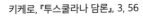

키케로, 『투스쿨라나 담론』, 3, 56

영원히 살 것처럼 꿈꾸고, 내일 죽을 것처럼 사는 인간은 선험적 직관을 통해 지혜를 염원합니다. 우리 시대에 수많은 격언집과 어록이 쏟아지는 것은 선인들이 그랬듯 지혜를 갈망하는 인간의 열망이 좀처럼 식지 않기 때문일지도 모르겠습니다. 아마도 이 책 또한 그 바람의 일환이겠지요.

19세기 초까지는 세상의 모든 지혜 가운데 성경의 지혜가 가장 오래된 것으로 알려져 있었습니다. 하지만 메소포타미아와 이집트 지혜문학의 발견으로 성경의 지혜는 메소포타미아와 이집트에 뿌리를 둔 것임을 알게 되었습니다. 말인즉슨 지혜는 특정한 시점과 인물에 의해 만들어지는 것이 아니라, 여러 민족과 시대에서 찾아볼 수 있었고 찾아냈다는 반증입니다.

성경의 대표적인 지혜문학서로는 잠언, 욥기, 코헬렛 등을 들 수 있습니다. 메소포타미아와 이집트의 지혜문학서에는 삶과 죽음의 의미, 고통과 인간의 여러 문제에 대한 고찰이 담겨 있었습니다. 그중에서도 이집트 지혜문학서에는 기원전 3천년 말경에 깊이 절망한 남자와 그의 영혼 사이에 벌어진 '자살에 관한 논쟁'까지도 기록되어 있었습니다.*

지혜에는 발이 달려 있어서 자신을 간절히 원하는 이를

찾아갑니다. "누추한 외투 속에도 지혜가 깃들어 있다"는 것을 자각하는 깨어 있는 영혼에게 지혜는 스스로 걸어가 자신의 비밀을 알려줍니다.

지혜는 자기를 갈망하는 이들에게 미리 다가가 자기를 알아보게 해준다. (⋯) 지혜를 깊이 생각하는 것 자체가 완전한 예지다. (⋯) 지혜의 시작은 가르침을 받으려는 진실한 소망이다. (지혜 6, 13. 15. 17)

● P. 로싸노, G. 라바시, A. 지를란다, 『새로운 성경 신학사전』, 바오로딸, 2011, 2138~2142쪽 참조.

**"지혜의 시작은
가르침을 받으려는
진실한 소망이다."**

*Saepe est et iam
sub palliolo sordido
sapient ia.*

깊은 데로 가라.

Duc in altum.

두크   인   알툼.

루카 5, 4

이 문장은 '깊은 데로 저어 나아가라'는 뜻인데, 이 구절의 맥락을 성경은 다음과 같이 설명합니다. 예수가 겐네사렛 호숫가에 서 계시고, 군중이 몰려들어 그분의 말씀을 듣고 있을 때였습니다. 오늘날에 빗대면 일종의 야외 강연회가 열린 셈이었지요. 그때나 지금이나 사람들은 말씀에 목말라 있었습니다. 이는 어제나 오늘이나 더 나은 삶에 대한 갈망이 모두에게 있다는 사실을 말해주는 것이겠지요.

예수는 호숫가에 대놓은 배 두 척을 보았습니다. 어부들은 거기에서 그물을 씻고 있었습니다. 예수는 그 배들 가운데 후에 베드로라고 불리는 시몬의 배에 올라타 그에게 뭍에서 조금 저어 나가달라고 부탁한 다음, 그 배에 앉아 군중을 가르쳤습니다. 그후 예수는 말을 마치고는 시몬에게 깊은 데로 나가서 그물을 내려 고기를 잡으라고 말합니다. 평생 어업으로 잔뼈가 굳은 시몬은 이 말을 듣고는 다소 허탈했을 겁니다. 그는 이미 밤새도록 애썼지만 물고기 한 마리 잡지 못한 상태였기 때문입니다.

하지만 시몬은 그가 선생으로 여기는 청년 예수의 말을 듣고 깊은 데로 가서 그물을 내립니다. 그러자 놀랍게도 그물이 찢어질 만큼 많은 물고기가 잡혔습니다. 그뒤 시몬 베드로는 스스로가 죄인임을 고백하고 자신에게서 떠나달라고 말합니다.

이 이야기에서 우리는 내가 가장 잘 알고 있는 것에 대해서도 타인의 말에 귀를 기울일 수 있는 자세가 변화의 시작임을 알 수 있습니다. 타인의 말에 귀기울이는 인간이 나아가는 다음 단계는 바로 깊은 곳으로 내려가는 것입니다. 인간에게는 누구나 위대한 신성이 있는데, 그것을 알기 위해서는 내면의 '깊은 곳'으로 가야 합니다. 그런데 그 깊은 곳까지 가보면 얼룩이 먼저 보입니다. 진정 위대한 첫걸음은 그 얼룩을 마주한 뒤에 신성을 향해 다시 새로운 한 걸음을 내딛는 것입니다. 그때 인간은 나를 붙잡고 있는 깊은 어둠에서 빠져나올 수 있습니다. 2천 년 전 사람들이 말씀에 목말라했고 오늘의 우리 역시 말씀이 간절한 이유는 바로 계속해서 살아가기 위해서이듯, 우리가 깊은 데로 가는 것은 그 심연으로부터 다시 빠져나오기 위해서입니다.

Duc in altum.

"진정 위대한 첫걸음은
얼룩을 마주한 뒤에
신성을 향해
다시 새로운 한 걸음을
내딛는 것입니다."

나는 그것을 이렇게 하는데,
당신은
당신이 원하는 대로 하십시오.

Mihi sic usus est,

미기   시크   우수스   에스트,

tibi ut opus est facto fac.

티비   우트   오푸스   에스트   팍토   파크.

테렌티우스, 『자책하는 자(자성록)Heautontimorumenos』, I, 1, 28

세상의 위대한 생각은 권력자로부터 시작된 경우도 있지만, 조용하고 단순한 삶을 살았던 이에게서 나온 것이 더 많습니다. 2천 년 넘게 살아남아 현대인들이 거듭 읽고 공부하는 아리스토텔레스, 플라톤, 예수의 언어와 지혜가 그러했습니다. 특히 예수는 세상의 권력을 전혀 갖지 못했습니다. 처음부터 그의 왕국은 이 세상에 있지 않았기 때문입니다. 그런데 우리는 권력과 동떨어져 있는 이들의 생각에 설득당하고 매료됩니다. "나는 그것을 이렇게 하는데, 당신은 당신이 원하는 대로 하십시오"라고 말하는데도 말입니다.

존재 그 자체가
얼마나 위대한 선인가!

Quam magnum bonum
콴   마눔   보눔

sit ipsum esse.
시트   입숨   에쎄.

아우구스티누스, 『자유의지론De libero arbitrio』, 3, 7, 20

신약성경을 읽다가 군중은 왜 예수에게 몰려갔을까 생각해봅니다. 아프면 의사에게 가면 되고, 종교적 문제나 법률적 송사가 있으면 대사제나 율법학자를 찾아가면 될 일인데, 왜 하필 보잘것없는 시골 청년 예수란 말인가요? 아마도 그것은 군중이 갖고 있던 확신 때문일 것입니다. 예수에게 가면 내 이야기를 들어주리라는 확신 말이지요. 세상은 모두 가난하고 힘없는 자들의 목소리에는 귀를 닫았으나, 예수는 그가 누구든 다가가 귀기울였습니다. 예수라는 존재가 주는 편안함과 위로는 당대 서민 군중의 영혼을 어루만졌습니다. 수고하고 짐 진 자들은 다가가기 편안한 예수 앞에서 자신의 존재 역시 편안해지는 것을 느꼈을 것입니다. 어디서도 환대받지 못했던 영혼들이 자신의 존재와 삶을 아름답고 귀하게 여기기 시작했습니다. 그것은 살면서 단 한 번도 느껴보지 못했을 환희이자 구원이었을 것입니다.

내 존재가 주는 편안함으로 다른 존재가 스스로 편안해지는 경지에 이르게 한다는 것은 얼마나 위대한 일인가요. 내 존재를 긍정할 수 있게 하는 사람 곁에 머무십시오.

존재와
존재 방식에 대한 고민

Aegrimonia de esse et modo essendi.
애그리모니아　　　데　에쎄　에트　모도　　에쎈디.

아우구스티누스, 『자유의지론De libero arbitrio』, 3, 7, 20

인간의 역사는 항상 앞으로 나아가는 것도 아니며, 대부분의 경우 복잡한 나선형의 모양으로 더디고 지리멸렬하게 진보하는 듯합니다. 인간의 진보란, 역사의 전진이란 저는 '있음'과 '있는 방식'에 대한 구체적인 고민과 대안을 마련해가는 과정이라 생각합니다. 있는 것을 있다고 말할 때, 있는 것을 온전히 인정하고 제자리에서 살아가게 할 때, 인간은 보다 인간다워지는 것일 테니까요.

분명 있는 것을 없다고 말하는 이들의 과격한 목소리를 듣습니다. 있는 것을 논외, 별종, 변태 취급하고, 있는 것을 없는 것처럼 무화시킬 때 인간다움은 퇴보합니다. 수많은 소수와 경계를 더는 아무렇지 않게 지우지 말아야 합니다. 아직 이름 붙여지지 않은 수많은 소수와 경계들을 우리는 더 호명해야만 합니다.

이 사회에서 말하는 보편의 개념은 아직 보편적이지 않습니다. 보편의 울타리에서 밀려난 수많은 존재들이 있습니다. 그 불완전을 메꿔가며 새로운 보편의 개념을 만들어내는 일이 곧 역사의 진보일 것입니다.

나는 당신이 과연 아주 가난한 형편에서부터 부자가 되었는지 당신한테 묻는 것이다.

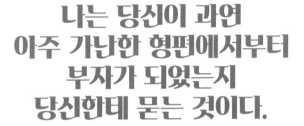

Quæro ex te sisne ex pauperrimo

쿼로　엑스 테　시스네　엑스　파우페르리모

dives factus.

디베스　팍투스.

인류는 역사 이래로, 심지어 물질의 총량이 전혀 부족하지 않을 때에도 빈곤 문제에 시달렸습니다. 그럼에도 가난이 해결하기 어려운 것은 현재 가난하지 않은 사람들이 지금 가난한 사람들의 문제를 다루기 때문이라고 생각합니다. 지금 가난을 해결하겠다고 선언하지만 현재 그 스스로는 두말 할 나위 없이 부자인 이들을 향해 저는 종종 묻고 싶었습니다.

당신은 과연 아주 가난한 시절이 있었습니까?

가난에 대해 무엇을 알고 있습니까?

내가 이를 원하고 명령하니
의지는 명분을 위해 존재하여라.

Hoc volo sic jubeo sit pro
호크   볼로   시크   유베오   시트   프로

rátǐone voluntas.
라티오네   볼룬타스.

개인이든 국가든 내가, 우리가 지금 어디로 가고 있는지에
대한 명분이 필요합니다. 생텍쥐페리는 이 명분에 대한 명문
을 남긴 적이 있습니다.

"당신이 배를 만들고 싶다면, 사람들에게 목재를 가져오
게 하고 일을 지시하고 일감을 나눠주는 일을 하지 마라.
대신 그들에게 저 넓고 끝없는 바다에 대한 동경심을 키
워주어라."

현 사회는 젊은 세대와 대중을 향해 생각과 꿈이 없다고
질책하거나 힐난할 때가 많습니다. 하지만 이 비난은 너무
쉽고 가볍습니다. 눈앞의 생존과 바쁜 일과에 치이는 이들
에게 생각하고 꿈꾸게 만들 명분을 만들어주는 길이 앞선
세대의 의무 아닐까요?

인류는
문화와 이성으로 삽니다.

Genus humanum arte et rátĭone vivit.

제누스　　　　후마눔　　　아르테 에트　라티오네　　비비트.

로마 가톨릭교회가 2천 년 넘게 지속할 수 있었던 것은 명분을 만드는 능력이 탁월했기 때문입니다. 명분은 '일을 하기 위해 겉으로 내세우는 이유나 구실'을 말합니다. 명분을 만드는 능력은 개인과 사회, 국가 모두에 중요합니다.

라파엘로의 그림 〈레오 1세와 아틸라의 만남〉에는 이 명분의 중요성이 담겨 있습니다. 레오 교황은 교회의 사회적 책임을 강조한 인물이었습니다. 그는 호위병 한 명 거느리지 않고 수행원 둘만을 대동한 채 적진에 들어가 적의 군주와 당당하게 마주합니다. 당시 서유럽 사람들은 '아틸라'라는 이름만 들어도 공포에 떨던 시절인데, 아틸라는 홀로 자신 앞에 나타난 레오 1세의 모습에 적잖이 놀랐을 것입니다. 이런 교황의 모습에서 협상과 설득의 기술 등 다양한 이야깃거리를 찾을 수 있는데, 특히 신앙인이자 종교 지도자로서 위기 상황에서 어떤 본보기를 보여야 할지 대중은 지켜보고 있었을 것입니다. 실제로 레오 교황은 아틸라가 자존심을 지키며 퇴각할 수 있도록 합당한 명분을 제공해 그와의 담판을 성공시킴으로써 풍전등화의 로마를 구해냅니다. 레오 1세 대교황을 통해 명분이란 무엇인지를 생각해보게 됩니다. 인간은 실리로만 살 수 없습니다. 명분이 인간의 마음을 움직입니다.

미래 사회를 상상하다.

Invenire societatem futuram.

인베니레 　　　 소치에타템 　　　 푸투람.

우리의 미래 사회는 어떤 모습이어야 할까요? 저는 우리의 미래 사회가 '꼴값을 떨며 인정머리 없는 사회'가 되길 바랍니다. 이게 대체 무슨 말이냐고요?

원래 '인정'은 조선시대 벼슬아치에게 주던 뇌물이나 뒷돈을 뜻하는 말이었다고 합니다. 그런데 이 뇌물과 뒷돈이 일상에서 너무 횡행하다보니, 남을 동정하고 이해하는 따뜻한 마음이란 뜻으로까지 변질됐다는 설이 있습니다. 제가 말하는 인정머리 없는 사회란, 뇌물이나 뒷돈이 없는 사회, 개개인이 제 꼴의 가치를 자유롭게 주장하며 살아가는 사회를 뜻합니다.

저는 '좋은 게 좋은 거다' '그냥 좋게 좋게 가자' 같은 말을 좋아하지 않습니다. '둥글게 둥글게' '좋게 좋게'라 말하지만 그것은 그 말을 하는 자의 입장에서의 '좋음'일 뿐, 상대방이나 전체 사회에는 해악이 되는 경우를 수도 없이 보았기 때문입니다. 사람 간의 인정과 후덕함 속에서 따스하게 좋게 좋게 만사를 해결할 수 있다는 생각이 때로는 그 온기 속에서 많은 부조리함이 곰팡이처럼 번지게 합니다. 그리고 그 부조리와 비리는 결국 조직과 사회를 질식시키고, 그 속에서 살아가는 개인을 살해합니다.

후덥지근하고 끈끈한 인정의 올가미 속에서 개인이 죽어가는 사회가 아니라 자유로운 개인들이 저마다 꼴값을 하며 살아가는 사회가 도래하길 꿈꿉니다. 당신이 그리는 미래 사회는 어떤 모습인가요?

"우리의 미래 사회가
'꼴값을 떨며 인정머리 없는 사회'가
되길 바랍니다.**"**

I nvenire
societatem futuram.

우리만을 위해서
부자가 되자는 것이 아니요,
내 자식들을 위해, 친척을 위해,
친지들을 위해,
특히나 공화국을 위해서다.

Non solum nobis divites esse volumus,

논　　　솔룸　　　노비스　　　디비테스　　　에쎄　　　볼루무스,

sed liberis, propinquis, amicis meis

세드　　리베리스,　　　프로핀퀴스,　　　아미치스　　메이스

maximeque rei publicæ.

막시메퀘　　　레이　　　푸블리캐.

오늘날 '공화국republic'이라는 단어가 바로 라틴어에서 유래
했지만, 로마법상 '레스푸블리카respublica'는 완전한 의미에서
오늘날의 국가를 의미하지는 않았습니다. respublica는 '일,
사물'을 뜻하는 명사 '레스res'에 '공공의'라는 뜻을 의미하
는 '푸블리카publica'를 결합한 말입니다. 로마인들은 공화국
을 국민의 사물로 보았으며, 이 사물은 법에 대한 합의로 결
속된 국민에 의해 존재한다고 보았습니다. 그리고 이 국가
를 지속하는 힘은 바로 정의라고 믿었지요. 그래서 정의가
없는 곳에는 국가도 존재하지 않는다고 여겼습니다. 여기서
로마인들이 생각한 정의는 각자에게 각자의 것을 주고, 공
동의 것을 공동의 것으로, 사적인 것은 사적인 것으로 보존
하려는 욕망입니다.• 로마인들이 생각하는 국가는 개인 위
에 군림하는 집단이 아니었습니다. 국민과 국민이 이룬 것
들을 '보존'하고 제대로 분배하기 위한 것, 그것이 국가의 존
재 이유이자 사명이었습니다.

• 앨런 라이언, 『정치사상사: 헤로도토스에서 현재까지』, 남경태·이광일 옮김,
문학동네, 2017, 209쪽 참조.

법률은 사소한 일에는
관여하지 않습니다.

De minimis non curat lex.
데　　미니미스　　논　　쿠라트　렉스.

로마법의 법률 격언

저는 법을 공부하면서 이 법언에 대해 오래 생각했습니다. 법은 사람 간의 갈등을 풀고 문제에 해답을 내리지만, 사소한 일 앞에서는 멈춰섭니다. 사소한 갈등은 법으로 해결할 수 없습니다. 시간과 비용을 많이 들일 만큼 큰일에만 법이 적용되고, 사소한 일들은 관습에 따라 해결하게 마련이지요. 하지만 우리는 사소한 일로 울고 웃습니다. 사소한 일에 빈정 상하고 사소함이 우리를 위로합니다.

법률은 사소한 일에 관여하지 않지만, 인생은 사소함으로 구원받습니다. 이제 저는 사소한 일에 연연하며 사소함으로 거대한 세계와 타인에게 다가서는 인간으로 살고자 합니다.

인간은 흔히 사람들이 생각하는 것처럼 거룩할 만큼 고상하지도, 쉽사리 혐오할 만큼 추하지도 않습니다. 사소한 일들로 거룩해지기도 추해지기도 하는 작은 존재일 뿐입니다.

악법도 법이다.

Dura lex sed lex.

두라 　렉스 　세드 　렉스.

이 법언에 대해 혹자는 "악법도 법이다"라고 옮기고 또다른 혹자는 "법은 엄하지만 그래도 법이다"라고 옮깁니다. 라틴어 형용사의 용법에 따라 두 가지 해석이 모두 가능하지만, 사실 이 법언은 본디 '법은 엄할지라도 항상 준수되어야 한다'는 의미로 쓰인 것이 맞습니다.• 그렇다면 누가 악법도 법이라고 말했을까요? 흔히 이 말을 한 장본인이 소크라테스라고 알려져 있습니다. 하지만 소크라테스는 그가 직접 쓴 책이 현대에 남아 있지 않기 때문에, 소크라테스의 말이라는 것을 입증하려면 그와 대화를 나눈 누군가의 글에 이 말이 기록되어 있어야 하는데, 소크라테스와의 대화를 기록한 그 누구의 글에도 "악법도 법이다"라는 말은 없습니다.

우리가 "악법도 법이다"라고 해석하는 문장은 원래 "Quod quidem perquam durum est, sed ita lex scripta est퀴드 퀴뎀 페르쾀 두룸 에스트, 세드 이타 렉스 스크립타 에스트"(『학설휘찬』, 40, 9, 12, 1)라는 원문에서 발췌한 말입니다. 해석하면 "지극히 잔인한 것이지만, 법이 그렇게 썼다"라는 뜻입니다. 이 말은 로마의 자연법사상을 대변하던 울피아누스

• F. del Giudice, *Il Latino in Tribunale*, Edizioini Giuridiche Simone, 2005, Napoli, p.75.

가 썼는데, 노예를 해방시키려는 사람들에게 노예 해방을 금지한 법조문을 상기시키면서 했던 말이라고 알려져 있습니다. 그는 "시민법과 관련하여 노예는 사람이 아닌 것으로 간주된다. 그러나 자연법으로는 그렇지 않다. 자연법과 관련하여 모든 사람은 평등하기 때문이다Quod attinet ad ius civile, servi pro nullius habentur; non tamen et iure naturali, quia, quod ad ius naturale attinet, omnes homines aequales sunt; 쿼드 아티네트 아드 유스 치빌레, 세르비 프로 눌리우스 하벤투르; 논 타멘 에트 유레 나투랄리, 퀴아, 쿼드 아드 유스 나투랄레 아티네트, 옴네스 호미네스 애콸레스 순트"(32, ULP., 53 ad Sab.)라고 말했습니다. 그리고 이 법언이 독일 보름스Worms의 주교가 11세기에 편찬한 『부르카르트의 교령집Decretum Brucardi』에 "Dura lex, sed lex"로 수록되어 오늘날까지 우리에게 전해내려온 것입니다.

악법도 법일까요? 아니면 법은 엄하지만 그래도 법이어야 할까요? 법은 어디에 있어야 할까요?

Non solum nobis divites esse volumus, sed liberis, propinquis, amicis meis maximeque rei publicæ.

66로마인들이 생각한 정의는
각자에게 각자의 것을 주고,
공동의 것을 공동의 것으로,
사적인 것은 사적인 것으로
보존하려는 욕망입니다.**99**

공공의 안녕이
최상의 법입니다.

Salus publica suprema lex esto.

살루스　　　푸블리카　　　수프레마　　　렉스　　에스토.

로마법의 법률 격언

이 로마법의 법률 격언은 화자가 어디에 강조점을 찍느냐에 따라 조금씩 변형되어 사용되었습니다. 키케로는 때론 "국가(공화국)의 안녕이 최상의 법이다*Salus rei publicae suprema lex esto; 살루스 레이 푸블리캐 수프레마 렉스 에스토*"라고 했다가, 때론 "국민의 안전이 최상의 법이다*Salus populi suprema lex esto; 살루스 포풀리 수프레마 렉스 에스토*"라고 하였습니다(키케로, 『법률론*De Legibus*』, 3. 3. 8). 단어 하나가 달라졌을 뿐이지만, 방점은 완전히 달라집니다. 전자의 경우 다른 어떠한 관심사보다 국가의 이익이 우선합니다.• 반면 '국가*res publica*'가 아니라 '국민*populus*'이라는 단어를 썼을 때는 국민의 안녕과 안전이 다른 무엇보다 중요한 최고의 법이 됩니다. 이렇게 고대의 로마 법언은 여전히 오늘날 모든 민주주의적 사고와 제도를 지배하는 근본 개념이 되었고, 현재를 살아가는 우리에게도 현실적으로 중요합니다.••

한편 키케로의 법언은 로마 가톨릭교회가 수용하여 '국민, 국가'라는 단어 대신에 '영혼의*animarum; 아니마룸*'라는 단어로 대체하여 「1983년 교회법전」 제일 마지막 조문에 "영

• Ibid., p.227.
•• L. Emanuel, *Latin for Lawyers*, Emanuel Publishing Corp. 1999, p. 359.

혼의 구원이 최상의 법이다*Salus animarum suprema lex esto*; 살
루스 아니마룸 수프레마 렉스 에스토"라고 인용합니다(교회법 제
1752조). 교회법 제1752조에 사용된 문헌의 출처는 샤르트
르의 성 이보^{S. Ivo}(1040~1115), 페나포르트의 성 라이문도
^{S. Raymond}(1185~1275), 성 토마스 아퀴나스(1225~1274) 등이
사용한 표현에 그 기원을 둡니다. "영혼의 구원이 최상의 법
이다"라는 교회법전의 마지막 조문은 법에 다가가기 쉽게
하는 데 도움을 줍니다. 하지만 이 내용은 동시에 모든 상황
에 법을 너무 쉽게 들먹임으로써 법이 그 유효성을 상실하지
않도록 반드시 특별한 상황에 맞는 법 규정을 제정해야 함
을 의미합니다.•

　이에 대해 셰익스피어는 『자에는 자로^{Measure for Measure}』에
서 다음과 같이 말합니다.

　법을 허수아비로 만들어서는 안 된다.
　(허수아비처럼) 높이 세워서 모이를 찾아 모여드는 새들을

• J. P. Beal, J. A. Coriden, T. J. Green, *New Commentary on The Code of*
Canon Law, Commissioned by *The Canon Law Society of America*, Paulist
Press 2000, p.1847.

겁주고,

관습이 법을 두려워하기는커녕,

오히려 법을 횃대로 삼아 걸터앉는 행태를 보일 때까지

내버려둬서는 안 된다.

고요한 밤!
우리가 가진 것입니다.

Nox silens!
녹스　　실렌스!

Est quod habemus.
에스트　　쿼드　　　하베무스.

로마라는 거대한 박물관 같은 도시에서 살다보면 일상의 불편함을 감수해야 하는 일이 참 많습니다. 그 가운데 대표적인 어려움을 꼽으라면 생활소음일 것입니다. 서울살이하는 외국인들이 놀라는 점 가운데 하나가, 천만 인구에 육박하는 인구가 살아가는 대도시인 서울이 생각보다 매우 조용하다는 점입니다. 이곳에 사는 우리로선 반신반의할 말이지만 사실 로마에 비하면 서울은 아주 조용한 편입니다.

우리는 누가 우리의 좋은 점을 말해주어도 그것을 있는 그대로 받아들이는 데 익숙하지 않습니다. 누군가 장점을 말해주어도 듣기 좋으라고 하는 형식적인 말이라고 생각할 때가 많지요. 내가 떠올린 창의적인 아이디어와 제안, 어깨를 펴고 자랑스러워할 만한 일들도 지나친 겸손이나 조심스러움으로 오히려 낮춰서 평가하는 것을 차라리 편안하게 생각하는 경향도 있습니다. 우리가 가진 것을 깎아내릴 이유도 없고 우리가 애초에 가지지 않은 것에 대해 아쉬워할 필요도 없습니다.

네가 내게 파멸을 가져왔구나.

Tu me afflixisti.

투 메 아플리시스티.

'다 쓰고 죽자!'

현재의 조건과 한계에 연연하지 않는 자의 호탕한 선언처럼 들리지만, 정말 나쁜 생각이자 말이라고 생각합니다. 인간은 궁극적으로 자신이 소유한 것을 다 쓸 권리가 없습니다. 인간은 세상의 주인처럼 행세하지만 실제로 대부분의 순간, 관리자로 머물다 갈 뿐입니다. 관리자에게는 다 쓰고 죽을 권리가 없습니다. 관리자는 그저 관리만 할 뿐입니다. 내가 소유한 것은 온전히 나의 것이 아니라 결국 다음 세대의 몫을 가불해서 쓰는 것일 뿐입니다. 여기에는 물질적 재화뿐만 아니라 자연과 환경, 기후도 해당합니다. 다 쓰고 죽자는 당신의 생각이 미래세대에게 파멸을 가져다줄지도 모릅니다.

자연에 맞서 싸운다면,
그 수고가 헛되리라.

Reluctante natura, irritus labor est.
렐룩탄테　　　　　나투라,　　　이리투스　　　라보르　　에스트.

세네카, 『트로이아 사람들Troades』. 7, 2

자연은 라틴어로 'natura(나투라)'라고 합니다. 그렇게 있는 그대로 '놔두라' '냅둬라'라고 하는 것 같습니다. 자연을 거스르는 일도, 자연을 되살린다는 명분으로 오히려 해치는 일도 모두 자연스러움에 반하는 일입니다. 자연은 인간을 향해 제발 놔두라고, 부디 내버려둬달라고 기후위기를 통해 최후의 경고를 하며 울부짖고 있습니다.

인간은 특별하지 않다.

Homo non est specialis.

호모   논   에스트   스페치알리스.

인간은 특별하지 않습니다. 설령 동물들과 비교해 인간만이 가지는 우월성이 있다 하더라도 자연계 안에서 인간은 결코 특별하지 않습니다. 인간이 스스로를 먹이피라미드의 최고 포식자, 지구 생태계의 궁극의 승리자라고 자부할지라도, 객관적으로 인간을 동물보다 더 낫다고, 더 특별하다고 생각할 수는 없습니다. 동물은 자신의 서식지를 파괴하지 않습니다. 약육강식의 세계에서 동물은 필요한 만큼 먹을 뿐 인간처럼 축적하지 않습니다. 물론 식량이나 자원을 비축하는 일부 동물이 있지만 자신의 몸과 삶에 필요한 것 이상을 무지막지하게 쌓아두는 인간과는 비교가 되지 못합니다.

자연계에서 인간은 특별하지 않습니다. 이런 인간이 간신히 특별해질 수 있는 유일한 길은 바로 인간이 특별하지 않다는 것을 자각하는 데서 시작될 것입니다. 이것이 현재 우리가 직면하고 있는 모든 환경문제에 대한 출발점이 될 것입니다.

사람들이 자기의 잘못을
부끄러워하기 시작합니다.

Incipit homines pudére erróris sui.

인치피트   호미네스   푸데레   에로리스   수이.

한겨울 내리는 눈이 산에 쌓이면 기막힌 설경이 되나, 도심 한가운데 쌓이면 낭만은 잠시뿐이고 교통체증과 불편을 유발하는 요인이 됩니다. 부끄럼도 이와 같습니다. 부끄럼이 마음의 어디쯤에 자리잡느냐에 따라 성장을 위한 부끄럼이 될 수도 있고, 나를 주저앉게 하는 부끄럼이 될 수도 있습니다. 하지만 무작위로 내려앉는 눈송이와 달리 부끄럼이 있을 곳은 그 자리를 내가 정할 수 있습니다. 부끄럼을 통해 나를 살리는 것도, 부끄럼을 통해 나를 죽이는 것도 모두 나입니다.

부끄럼을 아는 것이 나를 사랑하는 길의 시작입니다.

사랑하기 시작하십시오. 완전해질 것입니다. 그대, 사랑하기 시작했습니까?

Incipe diligere, perficieris. Cœpisti diligere?

인치페 딜리제레, 페르피치에리스. 체피스티 딜리제레?

(아우구스티누스, 『요한 서간 강해』, 여덟째 강해 12)

이 외에도 회심했다는 증거를 행동으로 보입시다.

Faciamus insuper fructus
파치아무스 　　인수페르 　　프룩투스

dignos pœnitentiæ.
디뇨스 　　푀니텐티애.

회심이 어려운 것은 안 하던 일을 한 번이 아니라 계속해서 해야 하기 때문입니다. 즉 회심은 일회성으로 끝나지 않고 한 번으로 끝내기도 어렵습니다. 아무리 회심했어도 의식하지 않으면 나쁜 습관이 만든 잘못된 행동은 언제든 다시 나올 수 있기 때문입니다. 끊임없이 의식하며 새롭게 회심을 갱신해야 하기 때문에 어렵습니다. 모든 결심이 어려운 것도 그 때문입니다. 결심도 한 번이 아니라 계속해서 해야만 완성되기 때문입니다.

내일 당장 자기가
죽을 수 있으리라고 믿는
사람은 아무도 없습니다.

Nemo est qui æstimet cras se
네모　에스트　퀴　애스티메트　크라스　세

moriturum esse.
모리투룸　에쎄.

살날의 기한이 정해져 있다면 당신은 어떻게 살아가겠습니까? 그리스인들은 항상 살날의 기한을 '생명력'과 결부시켰습니다. 그리스어 '아이온Aion'은 '삶' '생명력'을 의미하는(『일리아스』, X, 415) 동시에 '삶의 기한' '나이'를 뜻했습니다.•

레바논의 레 체드레Le Cedre란 곳에 가면 동방가톨릭교회의 은수자隱修者들이 사는 공간이 있습니다. 은수자들은 그곳 입구에 있는 대리석에 아랍어로 자신이 언제 죽을지를 적어놓았는데, 신기하게도 자신이 죽을 것이라 적어놓은 그날에 실제로 죽었다고 합니다.

우리는 평생 살아도 그 은수자들의 경지에는 이르지 못하겠지만 우리가 우리의 죽을 날을, 아니 살날을 안다면 어떨까요? 지금과 같은 모습과 마음으로 살아갈까요? 아니면 각성해서 완전히 다른 하루하루를 살게 될까요?

• 움베르토 에코, 『경이로운 철학의 역사 1—고대·중세 편』, 리카르도 페드리가 편저, 윤병언 옮김, arte, 2021, 49쪽 참조.

헛되고 헛되다.

Vanitas vanitatem.
바니타스 　　　바니타템.

헛된 것에 욕심이 솟구칠 때면 아나스타시오 2세 교황(496년 11월 24일~498년 11월 19일까지 재위)의 비문 첫 줄을 생각합니다.

권좌의 정점에 있었던 내가 이제는 무덤에 있구나.
Limina nunc servo qui tenui culmina sedis.
리미나 눈크 세르보 퀴 테누이 쿨미나 세디스.

땅 위에서 저마다의 모습으로 살아가는 우리들, 그러나 권좌의 정점에 있던 인간도, 부와 존귀함의 바닥에 깔려 있던 이도 결국 숨이 다하면 같은 곳에서 만날 것입니다.

젊음도 청춘도
허무일 뿐이다.

Adulescentia enim et
아둘레쉔티아　　　에님　　에트

voluptas vana sunt.
볼룹타스　　　바나　　순트

"젊은이야, 네 젊은 시절에 즐기고 젊음의 날에 네 마음이 너를 기쁘게 하도록 하여라. 그리고 네 마음이 원하는 길을 걷고 네 눈이 이끄는 대로 가거라. 다만 이 모든 것에 대하여 하느님께서 너를 심판으로 부르심을 알아라. 네 마음에서 근심을 떨쳐버리고 네 몸에서 고통을 흘려버려라. 젊음도 청춘도 허무일 뿐이다." (코헬렛 11, 9-10)

젊은 날 마음이 원하는 길을 걷고 눈이 이끄는 데로 가서 몸과 마음이 기쁠 수 있다면 얼마든지 그렇게 해도 좋습니다. 하지만 무심히 한 어떤 말과 행동이 예기치 않게 커다란 고통과 괴로움이 되어 돌아오기도 합니다. 그때 시간이야말로 가장 상급심의 재판관임을 절감하지요. 그러므로 원한다고 다 할 수 있는 것도 아니요, 다 해서도 안 됨을 아는 것이 청춘의 시작인지도 모르겠습니다.

이유가 없다.

Non est causa.
논 에스트 카우사.

"고맙습니다"는 라틴어로 "Tibi gratias ago*티비 그라티아스 아고*"라고 말합니다. 그러면 상대방은 "Non est causa*논 에스트 카우사*"라고 응답하는데, 이 말의 뜻은 '이유가 없다'입니다. 앞의 인사와 호응해서 번역하자면 '고맙게 생각할 이유가 없다'쯤 될 것 같습니다. 그걸 우리 식으로 하자면 '천만에요, 별 말씀을' 정도로 의역이 가능하지 않을까요? 누군가 우리의 도움을 절실히 필요로 한다면 기꺼이 도와야 합니다. 돕는 데는 이유가 없을 때가 많지요. 우리는 그 어떤 섣부른 기대나 보상을 바라지 않고 기꺼이 우리가 필요할 때 나서서 도와야 합니다.

사랑합니다,
부디 그대가 원하는 대로
살아가기를.

Amo, volo ut sis

아모,   볼로   우트 시스.

아우구스티누스, 마르틴 하이데거, 한나 아렌트

독일의 철학자 마르틴 하이데거는 제자이자 연인이었던 한나 아렌트에게 보내는 편지에 아우구스티누스의 말을 인용해 이 라틴어 문장을 써 보냈습니다. 이 편지를 받은 한나 아렌트는 훗날 자신의 저서 『전체주의의 기원』에 다시 이 문장을 실었지요. "Amo, volo ut sis." 직역하자면 "사랑합니다, 그대가 (있는 그대로) 존재하기를 원합니다"라는 뜻입니다.

사랑하기에 내 뜻대로 따라와주기를, 사랑하므로 당신이 내게 속하기를 바라는 것이 아니라, 사랑하기 때문에 당신이 자유롭게 원하는 대로 살기를 바라는 진실한 사랑이 담긴 이 문장을 저는 자주 생각합니다.

지금 이 순간, 이 책을 읽고 있는 당신도 부디 세상이 원하는 바가 아니라 당신이 원하는 대로 살기를 기도합니다.

당신의 탈란트를
잊지 마세요.

Ne obliviscaris talentorum tuorum.

네　　　오블리비스카리스　　　탈렌토룸　　　투오룸.

고대 서아시아와 그리스에서 질량과 화폐의 단위로 쓰였던 '달란트'는 신약성경 마태복음 25장 14~30절에 나오는 유명한 달란트의 비유를 지나, 오늘날엔 '재능' '재능 있는 사람'을 의미하는 말로 쓰이고 있습니다. 우리는 가끔 다재다능한 사람들을 보며 나의 재능을 돌아봅니다. 그런데 쉽게 이런 결론에 빠져들고 말지요. '나는 아무런 재능이 없어.'

재능을 눈에 보이는 기준으로만 측량한다면 정말 아무런 재능이 없는 것처럼 보일 수도 있습니다. 노래 부르는 재능, 그림 그리는 재능, 남을 웃기는 재능, 운동 잘하는 재능 등 이런 또렷한 재능은 없을 수도 있겠지요. 하지만 눈에 잘 띄지 않는 어떤 재능은 범용적이어서 유용할 때가 많습니다. 모두가 힘들어할 때 유머러스해지는 재능, 무뚝뚝해도 한두 마디에 진심을 잘 담는 재능, 조용히 누군가를 응원하는 재능…… 사실 우리 사회엔 이런 조용한 일상의 재능을 가진 사람들의 활약이 더 많이 필요합니다. 이런 재능, 당신 안에도 있습니다.

이것이 끝입니다.

Iste finis.

이스테   피니스.

모든 터널에 끝은 있습니다. 다만 끝까지 간 사람에게만 한해서. 이것이 터널의 끝입니다.

고통과 절망 속에서 끝이 보이지 않을 때, 그래서 스스로 모든 것을 끝내버리고 싶은 충동에 휩싸일 때마다 제가 기도하듯 읽는 문장을 마지막으로 여러분에게 주고 싶습니다.

바로 거기에 끝이 있습니다. 우리는 그 끝을 위해서 달리고 있고, 그 끝을 향하여 달리고 있습니다. 그 끝에 다다를 때 우리는 비로소 편히 쉬게 될 것입니다.

Ibi est finis; propter hoc currimus; ad ipsam currimus; cum venerimus ad eam requiescemus.

이비 에스트 피니스: 프롭테르 호크 쿠리무스: 아드 입삼 쿠리무스: 쿰 베네리무스 아드 에암 레퀴에쒜무스.

(아우구스티누스, 『요한 서간 강해』, 열째 강해 5)

한동일의
라틴어 인생 문장
삶의 고비마다 나를 일으킨 단 한 줄의 희망
ⓒ한동일 2023

1판 1쇄 2023년 10월 25일 | 1판 4쇄 2023년 12월 28일
2판 1쇄 2024년 6월 3일

지은이 한동일

기획·책임편집 이연실
편집 염현숙
디자인 이현정
마케팅 김도윤
브랜딩 함유지 함근아 고보미 박민재 김희숙 박다솔 조다현 정승민 배진성
저작권 박지영 형소진 최은진 서연주 오서영
제작 강신은 김동욱 이순호 | 제작사 한영문화사

펴낸곳 ㈜이야기장수
펴낸이 이연실
출판등록 2024년 4월 9일 제 2024-000061호
임프린트 이야기장수
주소 10881 경기도 파주시 회동길 455-3 3층
문의전화 031)955-8681(마케팅) 031)955 -2651(편집)
팩스 031)955-8855
전자우편 pro@munhak.com
인스타그램 @promunhak

ISBN 979-11-987444-6-3 03100